Die Autorin

Astrid Martínez Paternina studierte Chemie und Biologie an der TU Hannover. Sie ist seit Jahrzehnten mit einem Kolumbianer verheiratet und lebt seit 2004 in Kolumbien. 2000 erschien ihr Buch »*1350 Consejos Caseros*« (1350 Haushaltstipps) im kolumbianischen Verlag Ecoe in Bogotá.

Astrid Martínez Paternina

◆

Das Anden-Kochbuch

Gerichte und ihre Geschichte

◆

Verlag Die Werkstatt · Edition d i á

Bibliografische Information der Deutschen Nationalbibliothek:
Die Deutsche Nationalbibliothek verzeichnet diese Publikation in der Deutschen Nationalbibliografie; detaillierte bibliografische Daten sind im Internet über http://dnb.d-nb.de abrufbar.

2. Auflage 2012

Lotzestraße 22a, D-37083 Göttingen
www.werkstatt-verlag.de

Dieses Buch erscheint in der Reihe »Gerichte und ihre Geschichte« der Edition diá (www.editiondia.de)

FSC
www.fsc.org
MIX
Papier aus verantwortungsvollen Quellen
FSC® C110508

Titelfoto und Fotos im Innenteil:
Astrid Martínez Paternina
Satz und Gestaltung: Verlag Die Werkstatt, Göttingen
Druck und Bindung: Westermann Druck Zwickau

ISBN 978-3-89533-484-9

Inhalt

Die Anden, das Rückgrat Südamerikas

Die Anden bilden den wohl kontrastreichsten Lebensraum unseres Planeten. Das Gebirge ragt aus einem über 7.000 Meter tiefen Meer bis zum 6.960 Meter hohen Gipfel des Monte de Aconcagua in Argentinien, dem höchsten Punkt des amerikanischen Kontinents. Viele der 60 Fünftausender und 20 Sechstausender galten den Indios als Sitz der Götter und manche wurden selbst als Gottheit verehrt. Die Durchschnittshöhe der Anden liegt bei rund 4.000 Meter.

Von etwa 12 Grad nördlicher bis 55 Grad südlicher Breite, von der Küste Venezuelas bis nach Feuerland, hat das Gebirge eine Längenausdehnung von etwa 8.500 Kilometer. Auf einer Reliefkarte Südamerikas lässt sich deutlich erkennen, dass sich die Anden wie ein Rückgrat über den gesamten Teilkontinent ziehen. Auch ihre Breitenausdehnung ist mit durchschnittlich 750 Kilometern gewaltig. Regen- und Nebelwälder, Hochplateaus, bizarre Gletscherwelten, tiefe Taleinschnitte, trockene Wüsten und fast europäisch anmutende Landschaften wechseln sich ab. Die Anden weisen fast alle Klimastufen der Erde auf.

Cordillera de los Andes

Das Gebirge mit rund zwei Millionen Quadratkilometern gehört politisch zu Venezuela und Kolumbien im Norden, zu Ecuador, Peru und Bolivien in der Mitte und zu Chile und Argentinien im Süden. Den Namen *Cordillera de los Andes* gaben dieser nahezu unendlichen Bergwelt die Spanier, die sie im 16. Jahrhundert zu erobern begannen. *Cordillera* ist das spanische Wort für »Gebirgskette«, und *andén* heißt »Kai«, »Bahnsteig« oder »Gehweg« – die Namensgeber bezogen sich dabei auf die kunstvollen Feldbau-Terrassen, welche die Indios schon damals in die steilsten Hänge gestuft hatten.

Von Feuerland, nur zehn Breitengrade von der Antarktis entfernt, ziehen sich die patagonischen Anden über die ganze Breite Argentiniens bis zum 40. Grad südlicher Breite und dann weiter längs der westlichen Flanke des Landes und bilden, meist entlang der Wasserscheide Atlantik – Pazifik, über die gesamte Länge parallel zur Pazifikküste dessen Grenze zu Chile. Die östlichen Kordilleren erreichen Höhen bis über 6.000 Meter (der Ojos del Salado ist mit 6.893 Metern höchster Vulkan der Welt und gleichzeitig Chiles höchster Gipfel), die Küstenkordilleren bis zu 2.000 Meter. Dazwischen verläuft ein Längstal von Santiago bis Puerto Montt mit günstigsten Bedingungen für die landwirtschaftliche Nutzung.

Cordillera occidental y oriental

Weiter in Richtung Norden »sind« die Anden Bolivien: Der gesamte Westteil, etwa ein Drittel des Landes, entfällt auf das Gebirge. Dort, an der Grenze zu Peru, liegt auch der größte See Südamerikas, der Titicacasee. Die Anden werden hier in West- und Ostkordilleren *(Cordillera occidental* und *oriental)* eingeteilt. Dazwischen erstreckt sich der Altiplano, eine Hochebene von 3.500 bis 4.000 Meter Höhe.

In Peru lassen die Anden nur einen schmalen wüstenartigen Küstenstreifen frei, in dem die Metropole Lima mit ihren etwa sieben Millionen Einwohnern liegt. Einige Städte Perus liegen aber auch in 2.000 bis über 4.000 Meter Höhe, wie beispielsweise Cuzco auf etwa 3.400 Meter.

Das ecuadorianische Festland wird durch die Anden längs geteilt: in die Pazifikküste, das Hochland und das Amazonastiefland. Zwei parallele Bergkämme, verbunden mit quer laufenden Gebirgen, begrenzen hier die Sierra, in der Quito, die Hauptstadt Ecuadors, auf etwa 2.830 Meter Höhe liegt.

Cordillera de Mérida

Im Süden Kolumbiens gliedern sich die Anden in drei Stränge auf: die westlichen, die mittleren und die östlichen Kordilleren. An der Grenze zu Venezuela teilt sich der Strang der östlichen Kordilleren erneut. Die etwa 500 Kilometer lange Sierra Nevada de Mérida oder *Cordillera de Mérida* erstreckt sich im Nordwesten und Norden Venezuelas entlang des Ostufers des Maracaibosees bis an die Küste. Hier befindet sich mit 5.007 Metern der höchste Gipfel des Landes, der Pico Bolívar. Der andere Andenast, die Sierra de Perijá, bildet die westliche Umrandung des Maracaibosees. Caracas, mit ungefähr vier Millionen Einwohnern, liegt in der Nähe der Küste im Tal des Flusses Guaire, auf einer Höhe von 900 Meter, in sehr angenehmem Klima.

Klima

Die Nordanden haben den Geografen Alexander von Humboldt (1769-1859) vermutlich allein durch die Vielfalt ihrer Flora zu seinen »Ideen zur Geographie der Pflanzen nebst einem Naturgemälde der Tropen« (1807) angeregt. Eine Vielfalt, die man zum Beispiel auf einer Eisenbahnfahrt von Durán-Guayaquil, einer Stadt an der Pazifikküste Ecuadors, in das 2.875 Meter hoch gelegene Ambato erleben kann, auf der man allein 96 Klimazonen durchquert. Dies gilt auch für die nördlichen und mittleren Hochanden, mit einer entsprechenden Auswahl an Nahrungsmitteln.

Allein durch seine Längenausdehnung, 4.300 Kilometer auf maximal 200 Kilometer Breite, findet man in Chile wie in Argentinien unterschiedlichste Klimazonen. Dabei nimmt die mittlere Jahrestemperatur Richtung Süden ab. Durch den Humboldtstrom sind die Küstengebiete kühler und feuchter, als es nach ihrer Breitenlage zu erwarten wäre. Im Zentralgebiet herrschen milde Temperaturen während des ganzen Jahres, im Süden dagegen lange Winter. In der Nordzone ist es gewöhnlich warm und trocken.

Im Süden Chiles und Argentiniens verschieben sich die Klimazonen. Mais kann nur bis etwa 1.500 Meter Höhe angebaut werden und die kühleres Klima liebende Kartoffel, die sich in den Nordanden erst ab 2.000 Meter so recht wohl fühlt, gedeiht hier schon in 500 Meter Höhe.

Windzerzauste Ebenen und trockene Prärien

Von 40 Grad südlicher Breite bis zu den Anden erstreckt sich Patagonien mit seinen riesigen windzerzausten Ebenen und trockenen Prärien. Wer hier auf einem Gipfel steht und nach Westen über Chile hinwegschaut, kann bei klarem Wetter den Pazifik sehen. Und in Richtung Osten Täler, Wälder, Vulkane, Gletscher, tiefblaue und türkisfarbene Seen, Flüsse, die das eisige Schmelzwasser über weite terrassenförmige Ebenen, gigantischen Treppenstufen gleich, zum Atlantik tragen.

Die Kordilleren in Patagonien weisen das unwirtlichste Wetter der gesamten Anden auf. Charakteristisch sind ein kurzer Herbst und ein kurzes Frühjahr, aber lange Winter und relativ große Temperaturunterschiede zwischen Sommer und Winter sowie Tag und Nacht. Abhängig von der Höhe können im Winter mittlere Temperaturen um - 2° C erreicht werden; im südlichen Feuerland kann ein heißer Sommertag das Thermometer aber auf 30° C steigen lassen. Die gesamte Region ist feucht, die Niederschläge überschreiten meist 2.000 Millimeter pro Jahr, sinken jedoch nach Osten in Richtung Atlantik. Denn die vom Pazifischen Ozean kommende Feuchtluft überquert die niedrige Küsten-Kordillere und verdichtet sich erst an den Westhängen der Anden. In diesen Regionen fühlen sich besonders Tiere des kühleren Klimas wie Rothirsch und Hase wohl, die in der Kolonialzeit von den Europäern angesiedelt wurden. Ebenso findet man einen unserer Flora sehr ähnlichen Bewuchs, etwa Waldpilze und Preiselbeeren.

Die Andenbewohner im Spiegel der Zeit

Die vorinkaische Zeit

Untersuchungen haben ergeben, dass indianische Bewohner der extremen Höhenlagen größere Lungen besitzen. Ihre Lungenbläschen sind so erweitert, dass der zwischen 3.000 und 4.500 Meter Höhe geringere Sauerstoffgehalt der Luft voll ausgenutzt werden kann. Die Anzahl ihrer roten Blutkörperchen ist deutlich höher, ihr Herz schlägt langsamer und in ihren Adern fließen zwei Liter mehr Blut als bei einem Tiefländer. Zudem kennen und nutzen die Indios der Hochanden bereits seit 5.000 Jahren ein Kraut, das ihnen hilft ihr anstrengendes Leben besser zu ertragen: den Kokastrauch. Die darin enthaltenen Alkaloide betäuben Hunger, Durst und Kälte.

Erste Zeugnisse menschlicher Besiedelung

Die ersten Menschen, die Amerika erreichten, kamen wohl aus Asien über die Beringstraße. Die ältesten Zeugnisse menschlicher Besiedlung der Anden sind im Grenzgebiet zwischen dem heutigen Ecuador und Peru gefunden worden und stammen aus der so genannten Pacaicasphase (21.000 bis 12.000 v. Chr.). Diese Menschen lebten in Höhlen, ernährten sich von der Jagd sowie dem Sammeln von Früchten.

Um 7.000 vor unserer Zeitrechnung begannen sie auch mit planvollen Anpflanzungen – zunächst Kürbisse, Bohnen und Hirse – und der Zähmung von Haustieren. Um 3.000 wurde nachweislich erstmals Baumwolle und Mais angebaut. Zwischen 2.500 und 1.800 v. Chr. entstanden im Andenhochland die ersten festen Siedlungen aus Lehmziegeln.

Etwa um 850 v. Chr. bildete sich im nördlichen Andenhochland Perus die Chavínkultur. Deren Niedergang um 200 v. Chr. beflügelte im heutigen Peru die Bildung zahlreicher Regionalstaaten und -kulturen, wie die Moche- und die

Nazcakultur (200 bis 600 n. Chr.). Die frühperuanische Gesellschaft war streng hierarchisch organisiert, mit einer Adelsschicht an der Spitze, einem stark spezialisierten Handwerkerstand, Bauern und Sklaven.

Die Blütezeit der Mochekultur

Etwa im 12. Jahrhundert entstand im Norden auf dem Gebiet der Mochekultur das letzte peruanische Großreich vor dem Eindringen der Inkas, das der Chimú. Chan Chan, die Hauptstadt des Chimúreiches, hatte in ihrer Blütezeit annährend 100.000 Einwohner, die sich auf einer planvollen Gesamtanlage mit einzelnen Stadtvierteln für verschiedene Gesellschaftsgruppen verteilten, und verfügte über ein ausgefeiltes Kanalsystem. Archäologische Funde zeugen vom hohen Stand der Goldschmiedekunst.

Im 13. und 14. Jahrhundert existierten im heutigen Peru zahlreiche Stadtsiedlungen, bevor im 15. Jahrhundert die Inka einen mächtigen Staat errichteten. Die Stadt Puno am Titicacasee in 3.850 Meter Höhe ist angeblich die Wiege der Inka. Die Legende besagt, dass der erste Inka, Manco Cápac, aus dem Wasser des Sees stieg, um auf Befehl des Sonnengottes ein Reich zu gründen. Den Auftrag befolgte er dann, etwa 1.200 n. Chr., mit der Gründung Cuzcos, 400 Kilometer nördlich von Puno.

Das Inkareich

Seine Blüte erreichte das Inkareich in der zweiten Hälfte des 15. Jahrhunderts kurz vor dem Einfall der spanischen Eroberer. Historisch verwertbare Quellen existieren nur über eine neunzigjährige Zeitspanne. Sie unterrichten über die Regierungszeiten der letzten fünf Herrscher, von Pachacutic Yupanqui, dem »Weltenwender« (1431-1471), bis zum gewaltsamen Ende der verfeindeten Brüder Huascar und Atahualpa. Letzterer regierte seit 1527 in Quito und wurde 1533 von spanischen Henkern auf Urteil eines spanischen Kriegsgerichts in Cajamarca erdrosselt.

Eine Hochkultur erobert den Kontinent

Mit ihrem komplexen politischen System, großen städtebaulichen und verkehrstechnischen Leistungen sowie prachtvollen künstlerischen und handwerklichen Arbeiten schufen die Inka innerhalb eines vergleichsweise kurzen Zeitraums eine der bedeutendsten Hochkulturen des Kontinents. In den Hochanden finden sich vom Süden Kolumbiens bis nach Nordchile und -argentinien Stätten mit Opfergaben aus Ton, Holz, Bein, Muschelschalen, Edelmetallen. Um die Mitte des 15. Jahrhunderts unterwarfen Inkaheere auch Teile Südboliviens, Nordwestargentiniens und Nordchiles. In Chile reichte die Herrschaft der Sonnenkönige über das heutige Santiago hinaus bis etwa zum 35. Grad südlicher Breite (Rio Maule). Quechua sprechende Kolonisten besiedelten die eroberten Landesteile. In abgelegenen Gegenden Nordwestargentiniens wird noch heute diese ehemalige Reichssprache benutzt. Die große kulturelle Einheit weiter Teile Südamerikas bedingt natürlich auch eine Ähnlichkeit in Koch- und Essgewohnheiten.

Das sich über 10.000 Kilometer Gesamtlänge erstreckende, gut ausgebaute Straßennetz, von den spanischen Eroberern bewundert und genutzt, war Bedingung für eine überregionale staatliche Einheit im Reich der Inka. Zwei große Routen führten durchs Land: eine über den Altiplano von Bolivien durch Peru über Cuzco nach Norden bis Quito, die zweite folgte der Küstenlinie über 5.000 Kilometer vom heutigen Curico in Chile bis nach Tumbes in Peru.

Der Fall einer Großmacht

1532/33 unterwarf Francisco Pizarro das Inkareich und bereitete damit einer großen Kultur der Menschheit ein gewaltsames und jähes Ende. Ab 1510 hatte Pizarro auf der Suche nach Gold mit zwei Halbbrüdern und wechselnden Begleitern mehrere Erkundungsfahrten durch Mittel- und Südamerika unternommen. 1526 war er so zum ersten Mal in das Gebiet der heutigen

Staaten Ecuador und Peru vorgedrungen und wurde 1529 von Karl I. von Spanien zum Statthalter und Generalkapitän von Peru ernannt. 1531 schließlich erreichte er die Inkahauptstadt Cuzco, von wo aus das Ende der Inkakultur seinen Lauf nahm. Am 15. November 1532 trafen nach wochenlangen Märschen 67 spanische Reiter und 110 Fußsoldaten in der Andenstadt Cajamarca auf den Inka Atahualpa. Das Unfassbare geschah am Tag darauf: Auf der Plaza, die den Inka die Entfaltung ihrer militärischen Möglichkeiten nicht erlaubte, wurde der Herrscher angegriffen und nach blutigem Getümmel gefangen genommen.

Tod eines Gottes

Für die Indiowelt starb damit ein Gott, obwohl der Mensch Atahualpa erst einmal überlebte und erst neun Monate später nach einer Verhandlungsfarce getötet wurde. Es war das Ende des Inkaimperiums, auch wenn der Stern der Sonnenkönige unter Manco Capac II und Tupac Amaru noch zweimal kurz aufflackerte. Der spanische Vizekönig in Lima wagte 1572 den Angriff auf deren letzte Zuflucht, die Waldprovinz Vilcamba, und konnte dabei den Herrscher Tupac Amaru gefangen nehmen. Ein kleiner Trupp spanischer Eroberer hatte das große Inkaimperium unter seinen Füßen zertreten. Mit dem Tod des letzten Herrschers brach die streng durchorganisierte Struktur des Reiches endgültig zusammen.

Das Kerngebiet des Inkareichs war erobert. Doch südlich und nördlich davon zog sich die Gebirgskette über mehrere Tausend Kilometer hin – weiterhin das Land der Indios. Das sollte sich, wenn auch nicht so drastisch wie im Inkareich selbst, erst im Laufe der Zeit ändern.

Die Zeit nach der Eroberung

Nun galt es die neuen südamerikanischen Besitzungen zu verwalten. Von Ciudad de los Reyes aus, dem späteren Lima, wurden zunächst alle spanischen Länder in Südamerika regiert. Erst 173 Jahre später errichtete Madrid ein zweites Vizekönigtum, das nun, mit Sitz in Santafé de Bogotá, über Nueva Granada herrschte. Es umspannte das Gebiet Kolumbiens, Venezuelas und später auch Ecuadors. 1776 wurde Río de la Plata, die riesige Fläche der heutigen Staaten Argentinien, Bolivien, Paraguay und Uruguay, drittes Vizekönigreich mit Buenos Aires als Hauptstadt. Zu dieser Zeit hatten die beiden Kolonialmächte Spanien und Portugal den größten Teil der Neuen Welt so unter sich aufgeteilt. Das Gebiet des heutigen Brasilien sowie Patagonien und Feuerland gehörten zu Portugal, das ganze übrige Mittel- und Südamerika zu Spanien. Die große Anzahl von Gotteshäusern und Konventen lässt darauf schließen, dass die Kirche das gewaltige missionarische Feld, das sich ihr in Südamerika eröffnete, mit allen Konsequenzen in Besitz nahm.

Vorurteil und Dünkel

Vorurteil und Dünkel bestimmten das Verhältnis der Weißen untereinander. Die Kreolen – in Lateinamerika ursprünglich die Bezeichnung der Nachfahren europäischer Siedler – sahen sich durch die Spanier benachteiligt. »Unter« der dünnen weißen Oberschicht rangierte die wachsende Schicht der Mestizen, in der der Anteil »weißen« Blutes die gesellschaftliche Stellung bestimmte. Noch »über« den Indios, von denen nur die wenigen Angehörigen des Inkaadels ein gewisses Ansehen hatten, standen die als Sklaven nach Südamerika gebrachten Schwarzen. Die Regierung verbot Weißen und Schwarzen den Besuch der indianischen Dörfer und Reservationen, der so genannten Reduktionen.

Befreiungsbewegungen

Auch wirtschaftlich ließ Spanien seinen Kolonien wenig Raum. Diese durften Produkte, die zu Erzeugnissen des Mutterlandes in Konkurrenz hätten treten können, nur sehr begrenzt selbst herstellen oder verkaufen. Das beste Beispiel waren die Olivenpflanzungen im heutigen Bundesland Boyacá in Mittelkolumbien, die auf Geheiß des spanischen Königs zerstört werden mussten. Die Kreolen erlebten nicht allein die Ausbeutung der Länder, in denen sie lebten, sie sahen auch all die Vizekönige, Beamten, Militärs und Bischöfe mit Reichtümern beladen wieder heimreisen. Die allgemeine Unzufriedenheit wuchs und ebnete den Weg für revolutionäre Bewegungen – mit besten Chancen. Denn die Truppen, die Spanien in den ersten Jahrzehnten gegen Revolutionäre wie Simon Bolívar, Sucre, San Martín oder O'Higgins aufzubieten hatte, waren nicht mehr vergleichbar mit den schlagkräftigen Konquistadoren. Sie gehörten zu einer Berufsarmee und ihre Offiziere waren nicht selten europamüde Veteranen. Simon Bolívar befreite in der Zeit von 1814 bis 1824 in mehreren Schlachten die Länder Venezuela, Kolumbien und Peru von der spanischen Unterdrückung. So finden sich dort nicht zufällig zahllose Statuen, Gebäude oder Münzen, die nach ihm benannt wurden. Venezuela führt gar den Namen *Republica Bolívariana de Venezuela.*

Die Koch- und Essgewohnheiten lassen sich in den Andenländern am ehesten als eine Synthese aus alten Indio- und neueren spanischen Traditionen sowie denen anderer, späterer Einwanderergruppen beschreiben. In abgelegenen, schwerer zugänglichen Regionen haben sich eher die Traditionen der indianischen Urbevölkerung behauptet; die großen städtischen Metropolen und zugänglicheren Gebiete konnten sich eher den spanischen und den Gepflogenheiten der Immigranten öffnen.

Die Küche der Anden des Inkareiches

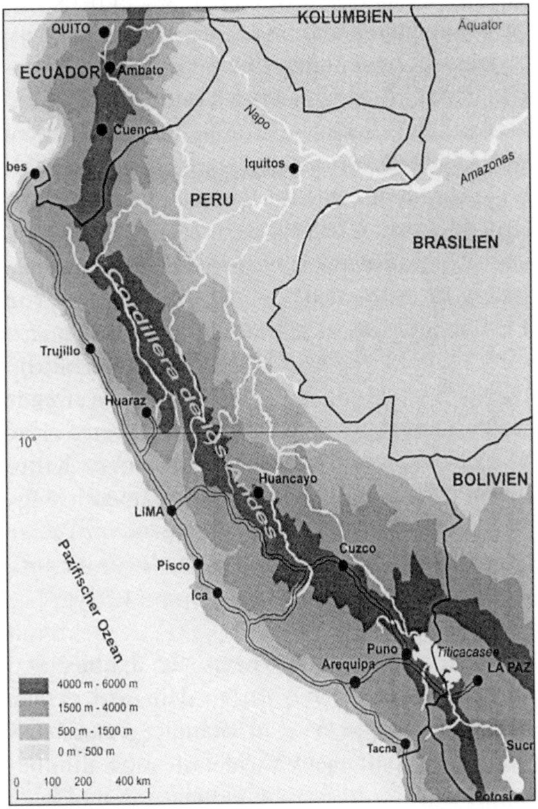

Indiokultur in den mittleren Anden

Die mittleren Anden – Peru, Ecuador, Bolivien und die nördlichen Gebiete von Chile und Argentinien – haben besonders eines gemeinsam: die Geschichte ihrer Indiokultur, der Kultur der Inkas. Eng damit verknüpft sind Koch- und Esstradition und -kultur. Zwar dezimierten die Spanier auch die Anzahl der Hochlandindios, aber niemals bis an die Grenze des Aussterbens wie etwa bei den Küstenindios. Den Europäern gelang es nie, schon allein aufgrund der nur schwer zugänglichen Täler, diese vollkommen zu unterwerfen. So behielten sie weiterhin ihre

Sprache, das Quechua, bei, verwalteten sich in ihrer traditionellen Art in Dorfkommunen, fertigten ihre traditionelle Kleidung aus handgewebten Stoffen und änderten auch ihre Kochgewohnheiten kaum.

Die Küche der alten Inkakultur kannte manche Zutat nicht, die in der heutigen Zeit für wesentlich gehalten wird: Alle Indios ernährten sich milchfrei, ohne Butter und Käse; ihnen fehlten außerdem Fett und Speiseöl. Deshalb wurden Speisen nicht gebraten, sondern gekocht, gedünstet oder auf einer trockenen Pfanne geröstet. Ihr Salz, auch das zum Konservieren von Fleisch und Fisch, gewannen sie aus Salzseen und Flüssen, die das Hochland durchziehen. Dieses Salz ist jedoch sehr jodarm, weswegen viele Andenbewohner unter entsprechenden Mangelerscheinungen wie etwa einem Kropf litten. Wenn eine Speise oder Zubereitungstechnik der Spanier ihrem Lebensstil entsprach, bereicherten die Indios im Laufe der Zeit damit ihr Küchenrepertoire.

Das Bankett der Götter

Das erfolgreiche Eindringen der Spanier 1531 in Peru wurde sicher durch den dort gerade geführten Bürgerkrieg erleichtert. Der Sieger, Atahualpa, hatte sein Lager fast 1.000 Kilometer von Cuzco entfernt aufgeschlagen und lebte dort mit größtem Pomp, umgeben von Konkubinen, Höflingen, Soldaten, Dienern und allen nur denkbaren Unterhaltungskünstlern. Auch in den Monaten, in denen die Spanier Atahualpa gefangen hielten, setzte er unter ihren Augen sein gewohntes Luxusleben fort. Viel wurde leider von der Luxusküche der Inkas nicht überliefert. Sicher ist, dass Atahualpa Gerichte von erlesener Raffinesse erhielt, serviert von den schönsten Frauen, die keine andere Aufgabe hatten als ihm bei Tisch aufzuwarten. Hatte er ein Gericht berührt, wurde der ungegessene Teil weggeschüttet und sogar der Behälter vernichtet, damit kein Geringerer daraus speisen konnte. Gewiss waren die peruanischen Königsessen eher kompliziert, prächtig ausgeschmückt und erforderten Unmengen von Zutaten und Arbeit, schließlich galten sie der Verherrlichung eines lebenden Gottes.

Sitten und Bräuche

Die Essensbräuche während der Inkaepoche werden vom Dominikaner Bartolomé de las Casas wie folgt beschrieben: »Auch der Inkaherrscher wurde von seiner Hauptfrau, der Königin, bedient, indem sie ihm die ersten Platten reichte und den ersten Schluck anbot. Die nachfolgenden Dienstleistungen wurden durch Diener und Dienerinnen vollzogen. Hinter jeden Mann stellte sich seine Frau und bediente ihn weiter. Nach der ersten Platte aß sie die Speise, die ihr Mann ihr zugeschoben hatte. Die Indios tranken nie, bevor sie mit dem Essen aufgehört hatten … Alle aßen auf den am Fußboden ausgelegten Matten sitzend. Die verschiedenen Speisen wurden hauptsächlich mit Ají (Chile-Pfeffer) und grünem oder rotem Pfeffer gewürzt. Von jeder Speise verzehrten sie nur wenig, denn es wurden nur kleine Speisemengen zubereitet. Während der öffentlichen Festmahle zur Zeit der Inkaherrschaft saßen die Familienverbände – unter Anführung ihres Stammesfürsten – auf den großen Plätzen in zwei langen Reihen einander gegenüber. Jede Familie brachte ihr eigenes Essen mit und gab den Rest dem Nachbarn weiter …« (zitiert nach: Armin Bollinger: So nährten sich die Inka. Grüsch 1986)

Es ist auch überliefert, dass Atahualpa, wenn er in Cuzco residierte, Fische aus dem Pazifischen Ozean zu speisen liebte. Eine eigens für den Transport dieser Fische ausgebildete Läuferstaffel bewältigte die fast 500 Kilometer lange Strecke über hohe, zerklüftete Berge in weniger als zwei Tagen. Die Fische müssen am Ziel noch sehr frisch gewesen sein, da sie durch das raue Gebirgsklima kühl gehalten wurden.

Fleisch war zu dieser Zeit ein eher seltener Luxus. Das der domestizierten Lamas und Alpakas ist zwar sehr schmackhaft und erinnert an Lamm oder Hammel, doch als Lasttiere und Wolllieferanten waren die Tiere viel zu kostbar, um in größerem Umfang geschlachtet zu werden. Regelmäßig Fleisch aß nur der Adel. Die Jagd war ebenfalls ein Privileg der Oberschicht. Wenn der Inkaherrscher den Wunsch hatte, eine königliche Treibjagd zu veranstalten, zog er mit 60.000 Treibern los. Bei einer solchen Jagd wurden an einem Tag bis zu 30.000 Hirsche oder Guanakos erlegt. Das Fleisch der getöteten Tiere wurde getrocknet und über die zahlreichen Lagerhäuser im ganzen Reich verteilt, bestimmt für vornehme Reisende und vor allem Krieger auf ihren Eroberungszügen. Bei einigen Festlichkeiten war es auch der einfachen Bevölkerung erlaubt, das Fleisch der Lamas, Alpakas, Vikunjas (Zwerglamas), Schafe oder Schweine zu essen. Aber für die Schlachtung eines dieser Tiere war stets die Erlaubnis eines Häuptlings oder höheren Beamten erforderlich.

Das Essen des einfachen Volkes hat sich bis heute kaum verändert, was sich aus der extrem unwegsamen Topografie der Anden erklärt: Pässe, die jeden Berg in Europa an Höhe übertreffen, sind ebenso wenig eine Seltenheit wie Abgründe, die bis 3.000 Meter steil abfallen.

Die Magie der Inkaküche

Fundament der Weltanschauung der Inkas und damit auch der historischen andinen Küche war der Animismus. Das heißt, alles auf dieser Welt ist aus ihrer Sicht belebt und hat eine Seele. Was die Menschen essen, essen die Götter. Die Küche ist Refugium und der Herd nicht nur schlichtes Instrument des Kochens. In der Weltanschauung der Quechuas und Aymaras, der Bewohner der peruanischen Anden, wird der Herd als Nebengott *Qeri axicha*, als »Göttin der Küche«, betrachtet, welche die Menschen ernährt und darüber wacht, dass die verwendeten Zutaten frisch und nicht verdorben von dem Kochenden mit Ruhe und Freude im Herzen zubereitet werden, da das Gericht sonst dem Essenden Schaden zufügt. An einem sicheren Platz in der Küche wird immer *Ayt* (Kokablätter, Fett und Zucker) als Opfergabe aufbewahrt, die hilft die Familie zu ernähren.

»Die Seele und nicht nur den Magen ausfüllen«

Die Andenwelt kocht also noch heute, »um die Seele und nicht nur den Magen auszufüllen«: Wenn in einigen sehr abgelegenen Dörfern der peruanischen Anden eine Hochzeit stattfindet, präsentieren die Obersten des Dorfes den Brautleuten, Paten und Eltern des Brautpaares einen Teller mit einer Brühe aus einem Lammkopf (früher war es Lama) und zusätzlich als Beilage für die Brautleute die Ohren des Tieres, »damit sie die Ratschläge der Eltern und Paten hören«; den Paten überreichen sie außerdem Zunge und Kiefern, »damit sie richtig zu reden wissen und den frisch Vermählten gute Ratschläge geben«; für die Eltern werden die Augen reserviert, »damit sie zu schauen wissen und sich immer um die neue Familie kümmern«. Das Mittagessen, das für die übrigen Gäste wie Freunde und Nachbarn bereitet wird, heißt *Fata:* Der Eintopf aus den Füßen des Lammes wird begleitet von Kartoffeln, Saubohnen, Erbsen, Chinarinde, Weizen, Kürbis und weiteren Zutaten. Der gemeinsame Genuss der *Fata* verpflichtet jeden der Teilnehmer, zur Hilfe zu eilen (Lammfüße), wenn der jungen Familie etwas fehlen sollte.

Das Leben der Inka war geleitet vom Streben nach Einheit von Göttlichem und Menschlichem und gegenseitigem Beistand. In ihrer Mythologie war die Erde *(pacha)* ein lebendes Wesen.

In ihrer elliptischen Bahn um die Sonne befindet sich die Südhalbkugel am 21. Juni am weitesten von ihr entfernt (Südhalbkugel: Wintersonnenwende; Nordhalbkugel: Sommersonnenwende). Im Reich der Inkas war das der kälteste Tag des Jahres. So glaubten sie, »Vater« Sonne sei schwach und krank, und entzündeten viele Tausend Lagerfeuer, um ihm Energie und Wärme zurückzugeben. In Prozessionen trieben sie die geheiligten Kühe zusammen, damit auch deren Energie Vater Sonne unterstütze.

Pachamanca

Um der durch die kränkelnde Sonne ebenfalls geschwächten »Mutter« Erde zu helfen, bereitete man *Pachamanca* zu (*pacha* bedeutet »Erde« und *manca* »kochen«). In einem Erdloch werden Steine durch ein Feuer stark erhitzt und zwischen ihnen, in aromatisches Laub eingebettet, verschiedene Fleisch- und Gemüsesorten gegart (Seite 212). Nach einer Garzeit von etwa zwei Stunden beginnt der appetitanregende Duft des Gerichts aus der Erde aufzusteigen: Das *Pachamanca* kann geöffnet werden. Sorgfältig trägt man Erde, Steine und das Abdeckmaterial ab, eine große aromatische Dampfwolke schießt empor. Alle, die an dieser Zeremonie teilhaben, lassen sich *Pachamanca* mit Ajies-Gemüse und großen Gläsern voll Chicha schmecken. Da Mutter Erde auch als Lebewesen betrachtet wird, erhält natürlich auch sie an einem geweihten Ort ihren eigenen Teller mit einer Portion Kokablätter und Chicha. Bei diesem Rezept handelt es sich um eines der ältesten der Inkakultur. Das Gericht wird in Peru zu fröhlichen Anlässen wie Hochzeiten, Wahlsiegen etc. auch heute noch zubereitet. Zwar benötigt man eine lange Vorbereitungszeit und auch etwas Geschicklichkeit, aber der unglaublich feine und aromatische Geschmack der so gegarten Speisen rechtfertigt den Aufwand.

Das wenige Fleisch, das die einfache Bevölkerung verzehrte, stammte meist von Meerschweinchen *(cuy)*. Ein Gesetz verpflichtete jede Familie zur Züchtung von Wildmeerschweinchen, denn sie dienten auch als Opfertiere. Entweder liefen sie frei in den Häusern und auf dem Grundstück herum oder wurden in eigens dafür angelegten Bodengruben gehalten. Die Küchenabfälle reichten in der Regel zur Ernährung der Tiere aus. Die Spanier nannten sie *conejillo de Indias*, »indianische Kaninchen«, da ihr Geschmack sie an Wildkaninchen erinnerte. Das Fleisch ist ein klein wenig zarter und heller. Gehäutet, gesalzen, mit Öl und Knoblauch bestrichen und dann über Kohle gegrillt ist Meerschweinchenbraten eine wirkliche Delikatesse. Vom Standpunkt der Ernährung spricht nichts gegen deren Genuss. Einigen Deutschen sträuben sich vielleicht die Haare, wenn es darum geht, diese possierlichen Tierchen »in die Pfanne zu hauen«. Deshalb empfiehlt das Buch stattdessen das Fleisch von Wildkaninchen.

Ein neuer Lebenszyklus beginnt

Die Schwächeperiode von Sonne und Erde inklusive der Zeit des Ausruhens und Kräftesammelns endete für die Indios am 1. August. 40 Tage waren gleichzeitig der Zeitraum, den man einer Frau zubilligte, um sich vollständig von den Strapazen einer Geburt zu erholen. So wurde der 1. August zum »Festtag der Mutter Erde«. Die Männer begannen ihre Felder zu säubern und für die neue Saat herzurichten. Die Frauen reinigten das Haus und man brannte wohlriechende Harze in allen vier Ecken des Wohnraums und der Felder ab, um die Luft zu reinigen. Jedes Andendorf begann den Tag mit der Opferung von Lamas und Vikunjas und mittags, wenn die Sonne am höchsten stand, umarmten sich alle Bewohner eines Dorfes, vergaßen die ihnen angetanen Beleidigungen und anderes erlittenes Unrecht. Es herrschte Frieden und Freude: *Mama pacha* begann erneut ihren Lebenszyklus.

Das wurde in einem Fest, dem Kaymi, mit der Opferung von Meerschweinchen gefeiert. Die Beauftragten dieses Festes waren Inkapriester, die bis zu diesem Tag gefastet hatten (verboten waren ihnen sexuelle Kontakte sowie der Verzehr von Pfefferschoten und das Trinken von Chicha). Den Opferzeremonien wohnten alle in ihren besten Gewändern bei und man sang fröhliche Lieder.

Eine solche Feier endete mit einem würzigen Gericht aus Meerschweinchenfleisch: *Picante de cuy a la Huancayo* (Seite 108) – »Pikantes Meerschweinchen« ist auch heute noch ein beliebtes Gericht bei Festlichkeiten. Im Geschmack gleicht es einer würzigen Version des deutschen Hasenpfeffers. Übrigens durfte kein Meerschweinchen mit roten Augen geopfert werden, denn man glaubte, diese Augenfarbe sei der Widerschein von Wut und Raserei.

Die Küche der spanischen Anden

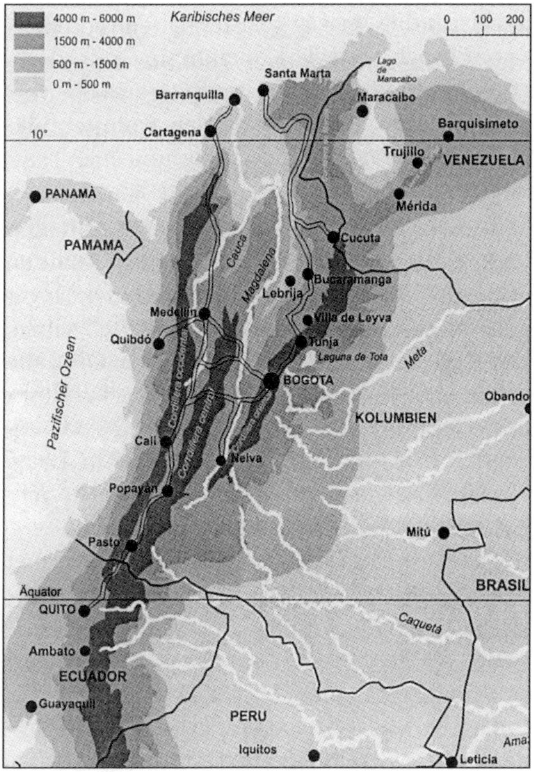

Die Guanes, die Ureinwohner der nördlichsten Anden-Bundesländer Santander und Casanare in Kolumbien, waren, wie die spanischen Chronisten berichten, aufgrund ihrer Ernährung hoch gewachsen und stark. Deren Grundlage bildeten Früchte, sehr wenig Fleisch und viel Fisch, den sie in den kleinen und größeren Bergbächen der Anden fingen. Unter den Früchten ist besonders eine große und süße Ananasart zu erwähnen, die *Ananas perolera*, die gerade auf den sauren Böden Santanders in der Region um die Stadt Lebrija hervorragend gedeiht.

Kolumbien
Satander, Casanare

Das Hauptanbauprodukt der Guanes war Mais, den sie *aba* nannten und aus dem sie vor allem *Suque* zubereiteten, eine Suppe aus Maismehl mit Zucker oder Honig, verschiedene Maistörtchen – *Bun* oder *Tajitafun (Arepas)* – und das Getränk Chicha. Wichtiger Bestandteil ihrer Ernährung war das Gewürz *Quisba* (Pfefferschoten, *Ajies)*.

Die Guanes waren es auch, die der Menschheit als ungewöhnlichen, aber schmackhaften Leckerbissen die *Hormigas culonas* (Ameisen mit großem Hinterleib) entdeckten, der sie gar aphrodisierende Eigenschaften zuschrieben. Das Rezept hat sich bis heute erhalten. Die Tiere werden zur Osterzeit gesammelt; begehrt ist ihr mit Eiern gefüllter Hinterleib. Die Ameisen werden in einer gusseisernen Pfanne in ihrem eigenen Fett geröstet und schmecken sehr delikat, leicht nussig und sind Protein pur.

Der ganze kulinarische Stolz der Region aber sind die *Mute*, eine Maissuppe, und der *Cabrito* (Gebackene Ziegenrippchen, Seite 90) – Gerichte, die in ganz Kolumbien populär geworden sind.

Der Norden von Santander ist reich an traditionellen Gerichten, zum Beispiel herrlichen Fruchtkompotten und *Masato* (Seite 202), einem Erfrischungsgetränk aus Reis.

Antioquia, Caldas

Westlich von Santander schließt sich das große Bundesland Antioquia an, dessen Bewohner als talentierte und geschickte Händler gelten. Das bekannteste und in ganz Kolumbien beliebte Gericht dieser Region ist zweifelsohne die *Bandeja paisa* (*bandeja* bedeutet »Serviertablett«, *Paisa* heißt der Bewohner der Region Antioquia), bestehend aus weißem Reis, Bohnen, gemahlenem Fleisch, *Chicharrones* (gebratener Speck mit Schwarte), *Chorizo* oder *Morcilla* (Blutwurst), gebratenen Eiern, Avocados, *Tajadas* aus reifen Kochbananen, *Patacones* (gebratene Kochbananenscheiben) und *Arepas.* Das Gericht vereint beinahe alle Genüsse dieser Region (Seite 209). Außerdem kommen fast täglich Bohnen (*Fríjoles* oder *Frisoles*) in allen Varianten auf den Tisch. Ein opulenteres Mittagessen schließt meist mit den berühmten *Arepas* oder der *Morcilla* ab, serviert mit gekochtem Mais oder Reis als Gemüse, oder mit einer einfachen klaren Brühe begleitet von *Panela partida* (kleine Panelastückchen) oder *Bocadillos de guayaba* (Guaven-Süßspeise).

Antioquia ist eine Region, die wesentlich mehr spanischen als indianischen Einfluss in der Küche aufweist. Der *Antioqueño* geht im Gegensatz zu vielen anderen Andenbewohnern sehr sparsam mit Gewürzen um. So bereitet er beispielsweise seine geliebten *Arepas* ohne Salz zu. Auch die Kochbanane, im restlichen Land ein fast unentbehrlicher Begleiter vieler Gerichte, wird hier nicht oft verwendet. Sehr konservativ zeigt sich der *Antioqueño* auch im Geschmack: Nach dem Prinzip »Was der Bauer nicht kennt, das isst er nicht« experimentiert er beim Kochen nicht gerne. An Fischen werden mehr oder minder nur Flussfische aus dem Cauca und der Magdalena verzehrt. Fisch von der Atlantikküste kommt so gut wie nie auf den Tisch, sicher auch wegen der Transportschwierigkeiten.

»Was der Bauer nicht kennt, das isst er nicht.«

Medellín, die Hauptstadt Antioquias – mit etwa zwei Millionen Einwohnern auf 1.500 Meter Höhe wegen des gemäßigten Klimas auch »Stadt des ewigen Frühlings« genannt, bekannt durch das Medellínkartell und Pablo Escobar –, ist die Stadt Kolumbiens, deren Verlage seit dem 19. Jahrhundert die meisten Kochbücher ganz Lateinamerikas herausgegeben haben.

Südlich an Antioquia schließt das Bundesland Caldas an. Es bereicherte die Andenküche durch zwei wesentliche kulinarische Neuerungen: zum einen den Kaffee – hier wird nicht nur der weltweit beste Kaffee angebaut und getrunken, er wird auch in Desserts verwendet –, zum anderen die feinsten Salatkreationen, wie zum

Beispiel Rote Beten gefüllt mit gekochtem Ei, eine farblich wunderschöne und geschmacklich delikate Begleitung eines jeden guten Hauptgerichts.

Boyacá, Cundinamarca

Auch die Hochebenen der mittleren östlichen Kordilleren Boyacá und Cundinamarca (mit der Hauptstadt Santafé de Bogotá) weisen eine enorme klimatische Spannbreite auf und versprechen eine abwechslungsreiche, appetitliche und originelle Küche. Jedes Dörfchen und Gehöft, jedes kleine Tal hat hier sein eigenes Rezept – mal mehr in indianischer, mal mehr in spanischer Tradition.

So wird zum Beispiel in der Stadt Tunja, der Hauptstadt von Boyacá, mitten in den östlichen Kordilleren gelegen, in traditioneller Weise immer donnerstags *Cuchuco de trigo con espinazo de cerdo* (Eintopf aus Weizenschrot mit Schweinerücken, Seite 71) serviert, ein Gedicht für jeden Gourmet.

Die Ölbaumpflanzen der Stadt Villa de Leyva sind als einzige erhalten geblieben von denen, die die Spanier während der Kolonialisierung im 17. Jahrhundert mitbrachten. Auf dem fruchtbaren Boden wuchsen in der ganzen Region der östlichen Kordilleren Oliven von solch guter Qualität und das aus ihnen gepresste Öl war so reichhaltig und fein, dass man früher zum Schutz der Plantagen Kampfstiere in ihnen herumlaufen ließ. Es wurden genug Oliven produziert, um den heimischen Markt zu versorgen. Den Befehl des spanischen Königs, die Ölbaumplantagen in Übersee zu zerstören und die Fabriken zu schließen, überlebten nur die Bäume in der Umgebung der Stadt Villa de Leyva.

Die Region von Boyacá ist geprägt von zahlreichen großen und kleinen Lagunen, deren schönste, größte und bekannteste die Lagune bei Tota östlich von Tunjas in 3.015 Meter Höhe ist. Die etwa 60 Quadratkilometer erstrecken sich über eine Länge von 13 und eine Breite von acht Kilometer bei bis zu 68 Meter Tiefe. Der für die Küche wichtigste Fisch der Lagune ist die Regenbogenforelle, die Tota zu einem gastronomischen Anziehungspunkt für Touristen gemacht hat.

Hier liegt in 2.610 Meter Höhe auch Santafé de Bogotá, die kosmopolitische Hauptstadt Kolumbiens mit ihren etwa sieben Millionen Einwohnern. 1948 wurde die Stadt durch einen gewaltigen Aufstand, in dem sich das Volk nach der Ermordung Jorge Eliecer Gaitans gegen die Oligarchie auflehnte, zum Großteil zerstört – Gabriel García Márquez beschreibt das in einem seiner neuesten Werke: *Vivir para contarlo* (Leben, um es zu erzählen) – und anschließend als moderne Beton- und Glasmetropole wieder aufgebaut. Man findet Restaurants mit internationaler Küche, traditionelle Gerichte aus den verschiedensten Landesteilen und eine hervorragende lokale Küche. In den hohen, kühlen Tälern um die Stadt wächst eine delikate weiße Kartoffelart, die für die berühmten *Papas chorreadas* (Kartoffeln mit einer würzigen dicklichen Sauce verschiedenster Zutaten und Gewürze, Seite 153) verwendet wird. *Ajiaco* (Seite 70), ein würziger, kräftiger Eintopf, wird ebenfalls mit dieser Kartoffelart als Basiszutat zubereitet.

Tolima, Huila

Im Süden schließen sich die Bundesländer Tolima und Huila an. Wenig kann sich die heutige Küche von der der dortigen Ureinwohner, den Pijaos, abschauen – denn die waren wohl Menschenfresser. Doch fand man auch fossile Reste von Maiskolben und Kochbananenschalen. Der ganze kulinarische Stolz dieser Region sind das *Lechona*, ein kleines, delikat gefülltes und gebratenes Schwein von etwa 25 Kilogramm, und die *Tamales* (Seite 132), 10 mal 15 Zentimeter große Maispasteten, die auf unterschiedliche Art mit Fleisch, Gemüse und Gewürzen gefüllt und in Mais-, Kochbananen- oder andere große

Blätter eingeschlagen in Wasser kochend gegart werden. Sie sind den *Humintas* sehr ähnlich, nur wird der Maisteig aus reifen Körnern hergestellt, die eingeweicht und dann zu einem Brei vermahlen werden.

Aufgrund der guten Klimabedingungen wächst hier die *Canna india* (Indisches Blumenrohr), eine bis zu zwei Meter hohe Pflanze, aus deren getrockneten Rhizomen das sehr stärkehaltige Mehl *Achira* gewonnen und zur Herstellung zartester Biskuitteige verwendet werden kann.

Wohl das populärste Getränk mit einer großen Tradition und besonders bei Frauen angesehen ist *Mistela* (Seite 202), ein *Aguardiente,* dessen Geschmack durch Kräuter oder Früchte und Zucker verfeinert wird. Die Wirkung wird dadurch natürlich beträchtlich gesteigert und ist für so manch »elegantes Besäufnis« verantwortlich.

Das südliche Huila ist berühmt für seine *Asados,* in würziger Beize eingelegtes und dann gebratenes Fleisch, ein unverzichtbares Gericht für die Feierlichkeiten von *San Pedro y San Pablo* am 29. Juni. Auch der schmackhafte Auflauf *San Pedrino* (Heiliges Peterchen, Seite 129) wird an diesem Tag zubereitet und sogar in Volksweisen besungen.

Valle, Cauca und Nariño

Valle zeichnet sich durch einen starken Einfluss auf die kolumbianische Küche und Gastronomie aus. Rezepte dieser Region haben nicht nur den ganzen Süden Kolumbiens geprägt, ihr Einfluss reicht bis Ecuador und in die nördlichen Gebiete Perus. Bis auf gut 2.000 Meter Höhe wird hier Zuckerrohr angebaut, die Basis für ein vielfältiges Angebot an *Dulces* (Süßigkeiten).

Im Bundesland Cauca sticht ein Gemüse besonders hervor: *Olluco.* Die wie Frühkartoffeln schmeckende Knollenfrucht kommt in allen Andenregionen des ehemaligen Inkareiches vor und bietet eine enorme Vielfalt an originellen Zubereitungsmöglichkeiten.

Nariño ganz im Süden Kolumbiens war das Land der Quillanzingas, ein dem Königreich der Inkas zugehöriger Indiostamm, von denen er auch die Gewohnheit der Zubereitung von Meerschweinchen übernahm.

In Kolumbien ist das Bundesland Nariño besonders für seine zarten und delikaten Backwaren bekannt. Hier wachsen die besten Zuckerrohrsorten ganz Lateinamerikas, Basis für die Zubereitung der verschiedensten *Dulces,* die ihre Krönung im *Manjar blanco* (Weiße Delikatesse, Seite 60) finden, einer Art Creme mit leichtem Karamellgeschmack, die durch das Kochen von Milch mit Zucker, Mais- oder Reismehl und variablen Geschmackszutaten entsteht. Schon pur gegessen ein Gedicht, eignet sich *Manjar blanco* ausgezeichnet als Füllung von Kuchen – zum Beispiel Biskuitrollen – oder, verknetet mit gehackten Nüssen bzw. gewälzt in Kokosraspeln, als Leckerei.

In diesen drei Bundesländern sind so viele unterschiedliche frittierte und gekochte Gerichte aus Mehl (Weizen oder Mais) zu finden wie sonst nirgends auf so kleinem Raum. Jedes Dorf, ja fast jede Familie hat ihr eigenes Rezept für *Tamales* oder Eintopf.

Valle, Cauca und Nariño schlagen gewissermaßen die Brücke zu den Andenregionen des Inkareiches.

Venezuela

Als Kolumbus als erster Europäer die Küste Venezuelas vor rund 500 Jahren sichtete, war die Region bereits seit mehr als 4.000 Jahren besiedelt. Darauf verweisen die ältesten Keramikfunde im Maracaibobecken. Die eigentliche Kolonialgeschichte des Landes begann mit der Ankunft von Amerigo Vespucci (1454-1512), einem genuesischen Kaufmann und Seefahrer, am Golf von Maracaibo im Jahre 1499. Er gab dem Land beim Anblick der indianischen Pfahlbauten an der Küste den Namen *Venezuela* (aus dem Italienischen: Klein-Venedig). Perlenfischerei und

Sklavenhandel standen in den ersten Jahrzehnten im Mittelpunkt des europäischen Interesses. Nach einem kleinen, vom Augsburger Bankenhaus der Welser finanzierten Interregnum nahmen die Spanier die nordwestliche Region des heutigen Venezuela 1546 erneut in Besitz. 1567 wurde Caracas gegründet. Um 1600 existierten bereits mehr als 20 spanische Siedlungen. Römisch-katholische Missionare folgten im Verlauf des 17. und 18. Jahrhunderts und begannen vornehmlich in der Region Llanos und Maracaibo die indianischen Stämme zu christianisieren. Als Kolonie hatte Venezuela für das spanische Mutterland keine große Bedeutung. Zunächst mit einheimischen und später mit Sklaven aus Afrika wurden Zuckerrohr, Kaffee, Baumwolle und Kakao angebaut.

Ausgeprägte Aromen und bunte Farben

In der venezolanischen Küche taucht man ein in eine Welt ausgeprägter Aromen und bunter Farben indianischen Ursprungs mit starkem europäischen Einfluss.

Eines der repräsentativsten Gerichte ist die *Pisca andina* (Seite 73), eine Suppe aus Kartoffeln, Milch und Käse, abgerundet mit Koriander, die in der ganzen Region zum Frühstück zu sich genommen wird. Bevor der schwere Arbeitstag beginnt, erwärmt die *Pisca andina* den von der Nachtkälte noch steifen Körper und bringt ihn schnell auf Touren. Als Andenreisender bekommt man *Pisca andina* praktisch überall angeboten, jeweils in regionalen Nuancen, aber immer mit dem unverwechselbaren Aroma von Koriander – ein Muss für diese Suppe.

Überhaupt liebt der Venezolaner Suppen, *Sancocho* oder *Hervido*, wie sie in Lateinamerika bezeichnet werden. Der *Sancocho* enthält eine große Menge der verschiedensten Zutaten und Gewürze, abhängig von der Region, und immer Fleisch. Den *Hervido de gallina* (Seite 72) kennt man in Caracas bereits seit dem 18. Jahrhundert; der Hühnereintopf ist zu einem Nationalgericht geworden.

▲ Monserrate (Kolumbien, nahe der Hauptstadt Bogotá) – jedes Dörfchen und Gehöft, jedes kleine Tal hat hier sein eigenes Rezept: mal mehr in indianischer, mal mehr in spanischer Tradition.

▲ Im Bundesland Nariño (Kolumbien) wachsen die besten Zuckerrohrsorten ganz Lateinamerikas – Basis für die Zubereitung der verschiedenen *Dulces*, die ihre Krönung in einer Karamellcreme (S. 60) finden.

Hirseanbau in Valle – ▶ Rezepte dieser Region haben nicht nur den Süden Kolumbiens geprägt, ihr Einfluss reichte bis Ecuador und Peru.

▲ Ehemalige Wohnhöhlen der Andenbewohner bei Cundinamarca (Kolumbien).

▲ Gemüseverkäufer auf dem Markt in Medellin (Kolumbien).

Der kulinarische Stolz der Region Tolima und Huila (Kolumbien): Tamales. Die Maispasteten werden auf unterschiedliche Art mit Fleisch, Gemüse und Gewürzen gefüllt und anschließend in Kochbananenblätter eingeschlagen und gegart (z.B. Maispasteten à la Bogotá S. 132)

Begleitet werden die schmackhaften Suppen, Eintöpfe und Braten häufig von *Arepas* oder *Pericos*, Speisen, die auch in Kolumbien eine lange Tradition haben, oder vom *Queso blanco ahumado* (geräucherter, weißer Käse). Für den Venezolaner ist die *Arepa* ein Teil seiner Kultur, tägliches Brot und Ausdruck der von den einheimischen Indios überlieferten Kochkunst. *Arepas* isst man zum Frühstück, zum Abendbrot und als Begleitung zu vielen Nationalgerichten. In allen Regionen des Landes findet man die verschiedensten Varianten, aber ihren Ursprung haben sie in den Anden. In wie Pfannen geformten Tonschalen, den *Aripos* – daher leitet sich das Wort *Arepa* ab –, braten die Indios diese Bällchen aus Maisteig.

Die Meister im Räuchern

Auch sind die Andenbewohner Venezuelas Meister im Räuchern. Sie wissen genau, mit welcher Holzsorte welche Delikatesse richtig geräuchert wird. Der in Kolumbien hauptsächlich in den Savannengebieten traditionelle weiße Käse wird in den venezolanischen Anden nach dem Abtropfen auf hochgelegten Matten im Rauch von Holzfeuern geräuchert und erhält dadurch seinen unverwechselbaren, würzigen Geschmack. Auch das weiße, zarte Fleisch der Regenbogenforellen, die sich in den kühlen Bergseen und -bächen tummeln, ist geräuchert eine Delikatesse.

Die spanischen Kolonialherren haben die Tradition begründet, Schinken und Wurstwaren in höchster Qualität herzustellen. Zu Weihnachten und Neujahr gipfelt diese Tradition im *Jamón planchado* (»Gebügelter« Schinken, Seite 98).

Ursprünglich kolumbianischer Herkunft sind die *Almojabanas andinas*, kleine Brötchen aus Stärkemehl und Käse, für den Andenbewohner im Grenzgebiet von Kolumbien und Venezuela ein unverzichtbarer Begleiter des Frühstücks oder Mittagessens. Frisch gebacken zerläuft der

Käse und verschmilzt mit dem feinen Maisgeschmack des Mehls. Verschiedenste Arten solch kleiner, appetitlicher Teig- oder Gebäckstücke aus Mais- oder Weizenmehl werden auch dem Andentouristen auf seiner Reise angeboten; die *Pasteles andines*, kleine, runde Taschen aus Weizenmehl, gefüllt mit Fleisch, Reis, Gemüse, Käse oder geräucherter Forelle und knusprig frittiert, sind eine Köstlichkeit.

Dulces für die innere Wärme

Aber auch Süßem ist der venezolanische *Andino* alles andere als abgeneigt. Aus der Herstellung traumhafter Fruchtkompotte hat er eine wahre Kunst gemacht. Ein delikates Beispiel hierfür sind die *Cascos de naranja en almibar* (Orangenschalen in Sirup). Gerade in der kälteren Jahreszeit sind in den Anden kalorienhaltige Süßspeisen sehr beliebt, schließlich benötigt der Körper mehr »Brennmaterial«. Fast nur in den venezolanischen Anden bekannt ist *Curruchete* (Seite 181), eine von den Indios überlieferte Süßigkeit aus *Panela*, geriebenem weißen Käse (eventuell auch geräuchert) und verschiedenen Gewürzen, die traditionell das erste Mal im Jahr am Vorabend zum 24. Juni, dem Tag des heiligen Johannes, zubereitet und den ganzen Juli über verzehrt wird. In diesen Wochen beginnt die kalte, ungemütliche Zeit mit Regen- und in höheren Lagen sogar Schneefällen. *Curruchete* ist sehr kalorienhaltig, wird heiß genossen und hilft mit seinem feinen, süßen Geschmack die Kälte zu ertragen.

Die Küche der »kosmopolitischen« Anden

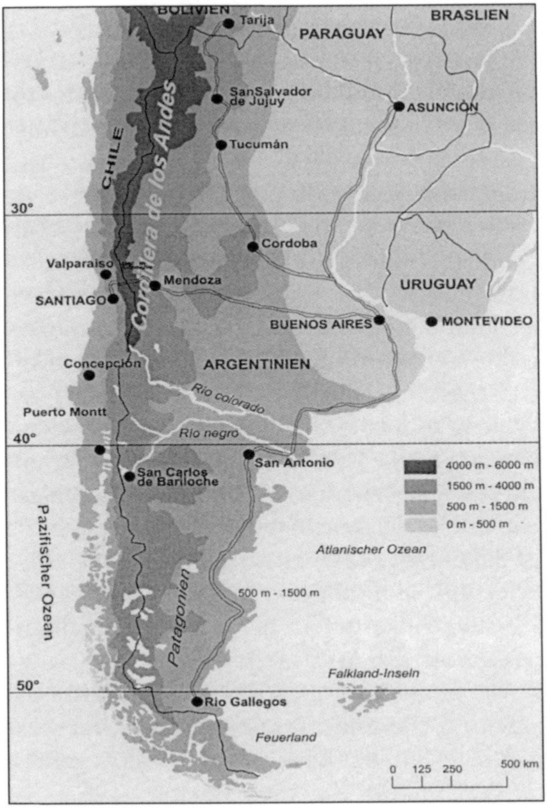

Argentinien

Argentinien wurde bereits sehr früh kolonialisiert. Die heutigen Bewohner des Flachlandes im Westen sind hauptsächlich spanischer und italienischer Herkunft. In der Pampa fanden die Spanier ein Schlaraffenland vor; ihre aus Europa mitgebrachten Rinder vermehrten sich rasch und lieferten alles Fleisch, das sie brauchten. Ochsen oder Pferde wurden vor den Pflug gespannt und verwandelten das Grasland in Äcker, auf denen sowohl sämtliche Nutzpflanzen der gemäßigten Klimazonen als auch einige subtropische Pflanzen in verschwenderischer

Fülle Früchte trugen. Dadurch sind viele Gerichte rein europäisch oder nur unwesentlich durch einheimische Einflüsse verändert.

Kürbis – ein Gaumen- und Augenschmaus

Im gebirgigen Nordwesten, in dem keine Einwanderer aus Europa den Lebensstil bestimmten, lässt sich noch am stärksten der weit reichende Einfluss der ehemaligen Inkakultur spüren. Ein Relikt ist beispielsweise der häufige Gebrauch von Kürbis, eines der ältesten Züchtungsprodukte der Indios. Die Argentinier genießen besonders den nahrhaften, gelbfleischigen Winterkürbis als Gemüsebrei, Pastetenfüllung, ausgebacken im Teigmantel, überbacken als Pudding oder als Auflauf. Auch Schmorgerichte werden mit Kürbis bereichert und dekoriert. Lässt man die Stückchen vollkommen zerkochen, dicken sie die Gerichte an und schenken ihnen eine herrlich gelbe Farbe – nicht nur ein Gaumen-, sondern auch ein Augenschmaus. Die wohl delikateste Art der Kürbiszubereitung ist die *Carbonada en zapallo* (Eintopf im Kürbis, Seite 210), ein Rindfleischtopf mit Mais, Kartoffeln und Süßkartoffeln, der in einem ausgehöhlten Kürbis gedünstet wird.

Die *Humintas* haben ihren Weg auch in die argentinische Andenküche gefunden; nur wird hier der Maisteig vor dem Kochen nicht gefüllt, sondern mit den Zutaten verknetet.

Die bloße Dimension Patagoniens erweckt den Eindruck, als sei es ein eigener Kontinent und nicht nur die südliche Hälfte Argentiniens und Chiles. Patagonien ist eine Landschaft ohnegleichen; eine schier unendliche Ansammlung von Bergen, Tälern und Wäldern, Seen, Flüssen Bächen, Vulkanen und Gletschern. Die meisten Bewohner sind seit Generationen Einwanderer aus aller Herren Länder. Man gewöhnt sich deshalb schnell ein und lernt die vielseitigen, internationalen und naturliebenden Bewohner schätzen.

Einige Stämme der Urbevölkerung waren ungewöhnlich groß und athletisch gebaut, insbesondere die Tehuelches, welche die Spanier nach Patagones, einem damals populären Phantasieriesen, benannten. Der Name Patagonien sollte sich durchsetzen.

Kulturenverschmelzung

Gegen Ende des 7. Jahrhunderts drangen die Mapuche-Indios von Chile in Richtung Osten vor, was zu einer friedlichen und endgültigen Verschmelzung beider Kulturen in Nordpatagonien führte. Die Mapuche waren fortschrittlicher und entschlossen ihr Land zu verteidigen; sie leisteten den spanischen Invasoren starken Widerstand. Erst im Jahre 1879, als General Roca die Wüste endgültig eroberte, endete die Herrschaft der Indios in Ostpatagonien.

Von den Mapuche ist der *Curanto mapuche* überliefert: Ähnlich wie beim *Pachamanca* der Inkas in Peru werden die verschiedensten Fleisch- und Gemüsesorten auf heißen Steinen in einer abgedeckten Grube gegart.

Die heute in ganz Patagonien bekannte *Torta galesa* (Walisische Torte, Seite 195) hat sich über das gesamte Gebiet der Kordilleren verbreitet und wurde von walisischen Einwanderern mitgebracht, die 1850 den Unterlauf des Flusses Chubut erreichten.

So vielseitig wie Landschaft und Bewohner sind auch Flora und Fauna. Tierarten wie Hase, Nerz, Wildschwein und Rothirsch wurden eingeführt, während das Lammfleisch gewissermaßen Grundlage der Ernährung der Region ist, zum Beispiel in Form des *Corderito patagónico* (patagonisches Lämmchen, Seite 92).

Eine Thermoskanne mit heißem Wasser, einen Beutel mit Matetee und eine Kalebasse, ein kleines rundes, häufig kunstreich verziertes Gefäß, aus dem der Tee mittels eines metallenen Trinkhalmes *(bombilla)* mit eingelassenem Sieb gesaugt wird, trägt sicher jeder zweite Einwohner von Buenos Aires mit sich herum. Schon im

16. Jahrhundert berichtete der spanische Konquistador und Gründer von Buenos Aires, Pedro de Mendoza, von einem Getränk der Inkas gegen Erschöpfung und Hitze. Als im nachfolgenden Jahrhundert die Jesuiten das heutige Paraguay besiedelten, kultivierten sie den Anbau der Mate-Bäume, aus dessen Blättern der Tee zubereitet wird. Die Verbreitung von Mate hatte sich bis zu diesem Zeitpunkt schon weit über sein ursprüngliches Vorkommen in den andinen Regionen Perus, Chiles und Argentiniens hinaus – der Mate-Baum ist in Höhen zwischen 400 und 800 Meter zu finden – ausgeweitet. Heutzutage ist Matetee für die Argentinier nicht nur National-, sondern Kultgetränk.

Über 400 Jahre Weinanbau

Seit mehr als 400 Jahren wird in Argentinien Wein angebaut. Von Peru aus breitete sich der Weinanbau auf dem Kontinent nach Süden hin aus und gelangte so über Bolivien und Chile ins Land. Auch hier waren es zunächst in erster Linie Priester und Mönche, die sich um die Weinwirtschaft Verdienste erwarben. Für dessen eigentliche Einführung müssen jedoch die ersten spanischen Siedler verantwortlich gemacht werden, die sich im Tal von Güentata niederließen. Die Weinreben waren vom ersten Moment an der größte Reichtum der Region. Seitdem gelten die Argentinier als große Weintrinker. Gedeckt wird ihr Bedarf hauptsächlich aus den klimatisch günstig gelegenen Anbaugebieten der Region um Mendoza in etwa 800 Meter Höhe am östlichen Fuß der Anden nahe der chilenischen Grenze. Viele Produzenten richteten ihren Weinanbau nur auf die Produktionsmenge und nicht auf Qualität aus. Die Anbaufläche erreichte 1977 mit 350.680 Hektar einen historischen Höchststand. Zwischen den Jahren 1982 und 1992 reduzierte sich die gesamte Anbaufläche allerdings wieder um etwa 36 Prozent und seit 1992 lässt sich eine zunehmende Bewirtschaftung mit Edel-Traubensorten beobachten.

Chile

Der im Eisenbahnbau und Bergbau tätige nordamerikanische Unternehmer Henry Meiggs (1811-1877) war dafür bekannt, dass er seine Arbeiter ausgezeichnet behandelte. Er sah in ihnen keine Sklaven, sondern Teilhaber. Sein berühmter Satz »Drei Dinge benötigt der chilenische Tagelöhner, um sich in den besten Arbeiter der ganzen Welt zu verwandeln: Gerechtigkeit, Porotos und Bezahlung« berücksichtigte, was das führende Nationalgericht aller Schichten war und ist: *Porotos granados* (Seite 63) ist eine der köstlichsten Arten, Bohnen zuzubereiten. Ein herrlich frisches Gericht gerade für heiße Sommertage. Da es die drei typischen indianischen Nahrungsmittel Bohnen, Mais und Kürbis enthält, steht der Ursprung des Gerichtes fest. Zwiebeln und Knoblauch kamen aus dem fernen Europa hinzu, so dass auch hier eine perfekte Symbiose aus indianischer Tradition und dem Einfluss der Kolonialzeit erreicht ist. Der Name *Poroto* leitet sich vom Quechua-Wort *purutu* ab.

Im Land der Bohnen

Archäologische Funde aus der Vorinkazeit bestätigen den Anbau und Genuss des Gemüses schon zu Frühzeiten. Chile hat den Vorteil, dass Bohnen aufgrund des milden Klimas fast das ganze Jahr über kultiviert werden können. Auf den Märkten findet man sie gewöhnlich im reifen, aber noch nicht trockenen Zustand. Die aus *Porotos* zubereiteten Gerichte sind so abwechslungs- und zahlreich, dass man Chile vielleicht als das Land mit den meisten Bohnengerichten überhaupt bezeichnen kann.

Eine Besonderheit der chilenischen Küche ist die orangerote Gewürzsauce *Color,* für die Paprika und Knoblauch in Öl erhitzt werden. Ein guter Koch hat stets mehrere Sorten von sehr mild bis scharf griffbereit. *Color* ist unbegrenzt haltbar und lässt sich zum Würzen und optischen Aufpeppen von Gerichten verwenden.

Pebre (Seite 169), eine weitere pikante Würzsauce, wird aus Zwiebeln, Essig, Öl, Knoblauch, Pfefferschoten und Koriander zubereitet. Auch sie kennt eine Abstufung in verschiedenste Schärfegrade.

Mais in allen Variationen

Wie alle Länder Südamerikas mit indianischem Ursprung hat auch Chile einen großen Verbrauch an unreifem Mais, dessen Körner mit Reibeisen oder stumpfen Messern vom Kolben gekratzt werden. In den klimatisch gemäßigten bis warmen Regionen der Anden wächst eine besondere, süße Maissorte mit bis zu 30 Zentimeter langen Kolben und Körnern von der Größe eines 20-Cent-Stückes. Wenn also in einem chilenischen Rezept von einem *Choclo* die Rede ist, kann das der Menge von mehreren normalen Maiskolben entsprechen. So lässt sich ein Gericht allein durch die Verwendung unterschiedlicher Maissorten in unterschiedlichen Reifegraden vielfältig variieren.

Eines der populärsten chilenischen Maisgerichte andinen Ursprungs gilt für jeden Feinschmecker als Muss: *Pastel de choclo* (Seite 126), ein mit gemahlenem frischen Mais überbackener Auflauf aus einer Schicht Rinder- und einer Schicht Schweinefleisch. Was auch immer die Auflauffüllung sein mag, das Wichtigste ist die obere Maisschicht. Sie sollte fest, goldbraun und etwas süßlich sein, aber nicht zäh. Durchsticht man sie, bildet der brotartige Maisteig einen wunderbaren farblichen Kontrast zum Fleisch.

Grundsätzlich finden sich in den chilenischen Andenregionen all die Gerichte, die auch die anderen Andenländer kennen. Eine chilenische Besonderheit dagegen ist *Charqui*, getrocknetes und gesalzenes Fleisch (heutzutage häufig Pferdefleisch), im Geschmack einem guten Schinken sehr ähnlich. Die Mapuche-Indios trockneten und lagerten genau wie die Inkas Fleisch sowie Gemüse auf Vorrat. Von ihnen stammt auch das *Charquicán* (Seite 97), ein würziges

Schmorgericht aus Trockenfleisch mit den typisch indianischen Gemüsen Kartoffeln und Kürbis sowie verschiedenen Gewürzen. Auch *Sopaipillas* (Seite 139), ein flaches, gebratenes Brot aus Weizenmehl, bei dessen Zubereitung Kürbisfleisch verwendet wird, stammt von den Mapuche.

Qualitätsweine aus der Mitte Chiles

Lange bevor die Nordamerikaner im 19. Jahrhundert mit dem Auspflanzen europäischer Vinifera-Reben und dem Kultivieren der einheimischen Labrusca-Pflanzen begannen, noch vor dem Start des Weinbaus in Südafrika und dem in Australien, besaßen Mittel- und Südamerika florierende Weinkulturen und exportierten ihre Weine in viele Länder des Alten Kontinents. Spaniens Eroberer Cortéz hatte in den frühen Jahren der Kolonialisierung erste Setzlinge nach Mexiko gebracht und Mitte des 16. Jahrhunderts – nur wenige Jahrzehnte nach der blutigen Zerschlagung des Inkareichs durch Pizzarro und nach der Gründung Santiagos durch Pedro de Valdivia – entstanden im heutigen Chile die ersten Rebgärten.

Aber wirklich günstige Voraussetzungen für den Weinbau herrschen nur im mittleren Teil Chiles zwischen dem 32. und 38. Grad südlicher Breite. Von Valparaiso im Norden bis nach Concepción im Süden ist besonders das Zentraltal zwischen den Kordilleren (in etwa 800 Meter Höhe) auf einer Länge von 500 Kilometer von riesigen Rebfeldern bedeckt – ein Qualitätsanbaugebiet, das Weine hervorbringt, die in der ganzen Welt beliebt sind.

Im Norden Chiles ist es ungemein heiß, zu heiß für Qualitätsweine; hier wachsen nur Tafeltrauben und Trauben zum *Pisco*-Brennen. Das wohl bekannteste »nationale« Mixgetränk ist der *Pisco sour* (Seite 206).

Typische Zutaten

Amaranth

Amaranth zählt zu den Fuchsschwanzgewächsen und ist weltweit verbreitet. Von den etwa 60 Arten wachsen die meisten als »Unkraut«. Genutzt werden die Samenkörner, die in oft über einen Meter langen Blütenständen gebildet werden. Die Körner mit nussigem Geschmack sind sehr klein und leicht: Etwa 1.500 Stück ergeben nur ein Gramm und von einer einzigen Pflanze lassen sich bis zu 50.000 Körner ernten. Beim Dreifarbenamaranth können sowohl Blätter als auch Stängel als Gemüse verwertet werden. Er ähnelt geschmacklich unserem Spinat. Hauptanbaugebiete liegen in Mexiko, Peru, Argentinien und Bolivien, aber auch in Indien und anderen asiatischen Ländern.

Der Naturkosthandel führt Amaranth in ganzen Körnern, als Mehl, gepoppt oder auch als Mehl aus gepoppten Körnern und letztlich auch als Zusatz etwa in Müslimischungen.

Hinweis: Die getreideähnliche Pflanze Amaranth ist nicht zu verwechseln mit der synthetischen roten Lebensmittelfarbe E 123 gleichen Namens.

Anden-/Süßlupine

Die meisten Forscher nehmen an, dass diese Urform der Lupine *(Lupinus mutabilis)*, zur Familie der Hülsenfrüchte gehörig, aus dem Hochland der Anden von Peru, Bolivien und Ecuador stammt. Es handelt sich wahrscheinlich um eine sehr alte Kulturpflanze, denn es wurden bereits Samen aus der Zeit um 800 v. Chr. gefunden. Nach Berichten der Spanier betrug der Anteil von Lupinen – *tarwi, tarkui* oder *chocko*, wie die Urbevölkerung die Andenlupine nannte – an der Nahrung der Indios etwa fünf Prozent. Dies entspräche einer Anbaufläche von etwa 100.000 Hektar.

Die gelegentlich frisch in Bioläden erhältlichen Süßlupinensamen können in den Rezepten gut die Samen der Andenlupine ersetzen.

Bananenblätter

Die großen glänzenden Blätter der Bananenstaude benutzten die Indios, um ihre Jagdbeute damit einzuwickeln oder das Essen auf ihren Wanderungen zu transportieren. In Bananenblätter eingewickelt wurden Mahlzeiten gekocht und dann direkt aus den Blättern gegessen. Viele südamerikanische Gerichte werden heutzutage noch in Kochbananenblättern zubereitet, nicht nur die *Tamales,* sondern auch Fleisch– oder Fischgerichte.

Bergforellen

Anfang bis Mitte des 20. Jahrhunderts begann man in den andinen Regionen aller südamerikanischen Länder Bergforellen zu züchten. Sie finden in den kühlen, sauberen und sauerstoffreichen Bergbächen ein hervorragendes Lebensumfeld.

Bohnen

Die Hülsenfrüchte (Leguminosen) gehören zu den ältesten Kulturpflanzen. Archäologen fanden Überreste des Anbaus von Andenbohnen (eine rote, den heutigen Kidneybohnen ähnliche Art) in einer urzeitlichen Ansiedlung in der Schlucht von Huaylas (Ancash, Cordillera Negra, Peru), die auf etwa 12.600 Jahre v. Chr. datiert werden konnten. Schon die alten Inkas kannten unzählige verschiedene Bohnenarten. Inzwischen ist ihre Zahl weltweit unüberschaubar: Stangen-, Kletter-, Busch-, Prunk-, Feuer-, Lima-, Butter-, Kidney-, Motten-, Schwarzaugenbohnen …

Bohnen, dicke

Die dicke Bohne *(Porotos)* gehört trotz ihres Namens botanisch nicht zu den Bohnen, sondern zu den Wicken. Sie ist eine mit einem kräftigen Stängel bis zu ein Meter hoch wachsende Hülsenfrucht, in deren oberen Blattachsen rein weiße oder schwarz-weiße Blüten sitzen. Aus ihnen entwickeln sich die Hülsen, außen samtartig behaart, dickschalig, später derb-lederartig, mit schwammigem Fleisch und an den Stellen, wo die Samen sitzen, stark aufgetrieben.

Cherimoya

Die ursprüngliche Heimat des schon den Inkas bekannten Cherimoyabaumes, der bis zu neun Meter hoch werden kann, sind die niederen Andenregionen (1.500 bis 1.900 Meter), von wo aus er sich auch nach Mittelamerika, Mexiko und Südkalifornien ausbreitete. Heutzutage ist die Cherimoya die einzige Frucht des alten Inkareiches, die in den wärmeren europäischen Ländern in größerem Umfang angebaut wird.

Wie interessant die Frucht ist, erschließt sich bereits in der Fülle ihrer Namen: *Chirimorriñón* oder auch *Chirimuyá* im Spanischen, wobei diese Lautbildungen aus dem Quechua kommen und »kalter Samen« bedeuten, bis hin zu Zimt-, Zucker- und Rahmapfel oder Cremefrucht im Deutschen.

Erdnuss

Peruanische Rezepte schreiben vor allem gekochte ganze Erdnüsse *(Mani)* vor. Funde in alten Gräbern belegen deren Kultivierung schon zwischen 3.000 und 2.000 v. Chr. Die Indios bauten wahrscheinlich wilde Arten an und erleichterten durch den Anbau verschiedener Varianten in direkter räumlicher Nähe zueinander Kreuzungen, aus denen schließlich die Kulturart entstand. In den tropischen Anden gedeiht die Erdnuss bis in 2.000 Meter Höhe. Die Indios rösteten sie und zerstießen sie im Mörser. Dabei verwandeln sich die Nüsse in eine Art Butter, der uns heute bekannten Erdnussbutter. Mit Wasser verrührt dient sie häufig der Verfeinerung von Saucen.

Die alten Inkas schrieben den Erdnüssen eine stark aphrodisierende Wirkung zu und betrachteten sie als Fruchtbarkeitssymbol: Während der Hochzeit verteilte der Bräutigam sie unter seinen Freunden. Er wollte damit die Größe der Liebe ausdrücken, die er für seine Braut empfindet, die die Erdnüsse für ihn entbehrlich macht.

Beim Kochen zerfällt die Erdnuss nicht wie eine Bohne, mit der sie botanisch verwandt ist, sondern quillt nur leicht auf und wird mehlig.

In deutschen Supermärkten oder Reformhäusern erhält man meist nur geröstete Erdnüsse – diese sind für viele Originalrezepte nicht einsetzbar.

Hochlandpapaya

Die Papaya *(Cariciaceae)* gehört zu den weltweit beliebtesten Früchten. Sie ist schmackhaft, reich an Mineralstoffen sowie den Vitaminen A, B_3, C und D und enthält das Alkaloid Papain, ein verdauungsförderndes Enzym, das auch als »vegetarisches Pepsin« bezeichnet wird.

Die 20 verschiedenen Arten unterteilt man in Sorten der warmen und kalten Zonen. Die so genannten Hochlandpapayas werden besonders in den Anden Kolumbiens, Ecuadors und Venezuelas kultiviert und wurden wahrscheinlich bereits zur Zeit der Inkas verzehrt. Man zählt sie auch zu den »verlorenen Früchten der Inkas«, deren Wiederentdeckung und Kultivierung für die Lösung so mancher Ernährungskrise als vielversprechend gilt.

Käse, weißer

Der in vielen Rezepten erwähnte weiße Käse *Queso blanco* ist die wohl ursprünglichste Käsezubereitung überhaupt, die für zahlreiche Rezepte zwingend erforderlich ist. Dieser mild schmeckende Käse hat die Eigenschaft, bei Hitzeeinwirkung, also beim Kochen oder Braten, nicht zu schmelzen. Er kann sogar frittiert werden ohne die Form zu verlieren.

Nachdem die Kuhmilch durch Zusatz von Lab, einem Ferment aus dem Rindermagen, zum Gerinnen gebracht wurde, wird die Molke abgegossen, der Käse nach Geschmack gesalzen, einen halben Tag zerdrückt und ist sofort ohne Reifungsprozess verzehrfertig. In Südamerika wird er praktisch an jeder Straßenecke verkauft.

Dieser Käse kann selbst aus Bauernmilch hergestellt werden und bis zu vier Wochen im Kühlschrank lagern ohne an Qualität einzubüßen. Danach beginnt er zu reifen, schmeckt zwar noch als Brotbelag hervorragend, schmilzt aber bei Hitzeeinwirkung (Seite 57).

Kartoffeln

Archäologische Untersuchungen haben Wildkartoffeln bereits 13.000 Jahre v. Chr. in Südchile nachgewiesen, also lange vor Einführung des Ackerbaus. Die Kultivierung der Kartoffel als Kulturpflanze ging vom andinen Verbreitungsraum aus. Die ältesten Funde kultivierter Kartoffeln wurden im Chilca-Tal (südlich von Lima, Peru) gemacht und auf 7.000 v. Chr. datiert.

Während es in Südamerika mehr als 200 botanische Arten von Kartoffeln in 600 Varietäten aller Formen, Farben und Größen gibt, wird in Europa nur *Solanum tuberosum* angebaut. Deshalb ist die Geschmacksvielfalt, auf die der Leser bei den Rezepten zurückgreifen kann, hierzulande leider etwas begrenzt.

Kartoffeln, gefriergetrocknete

Die gefriergetrocknete Kartoffel *Chuño* kann man heutzutage in Europa, anders als in der Zeit der alten Seefahrer, nur sehr schwer finden – höchstens als Bergsteigernahrung. Damals war die Ausrüstung mit Dauerproviant sehr unzureichend. Nur geringe Mengen frischer Kartoffeln konnten mitgenommen werden, da sie sich nicht lange hielten. Die Kolonial- und Seemacht England war es, die getrocknete Kartoffeln, eine grobe, zerbröckeltem Brot ähnelnde Masse, einführte. Wurde diese gekocht, so ergab sich ein mehr oder weniger dünner Brei – eine Art Kartoffelmus.

Irgendein findiger Schiffskoch benutzte diese Musmasse zur Streckung des Salzfleisches. So entstand angeblich das in Hamburg so beliebte Gericht Labskaus.

Heute wird es mit wesentlich schmackhafteren Zutaten zubereitet und die getrockneten Kartoffeln werden durch Kartoffelpüree ersetzt.

Das kann in den folgenden Rezepten statt *Chuño* auch genommen werden.

Kichererbsen

Die zu den Schmetterlingsblütlern zählenden Kichererbsen haben mit den klassischen Erbsen nicht besonders viel gemein. Sie sind beigebraun und schrumpelig und erinnern an einen Widderkopf. Ihr Ursprung liegt in Westindien. Von dort aus breiteten sie sich über den Mittelmeerraum und dann mit den Spaniern in die tropischen und subtropischen Regionen aus.

Kochbananen

Die Koch-, auch Gemüse- oder Pferdebanane *(Platano)*, ist eng mit der Obstbanane verwandt. Als ihre Heimat gilt Malaysia. Bereits 1516 wurden kultivierte Obst- und Kochbananen aus Afrika nach Mittel- und Südamerika sowie in die Karibik gebracht. In der Folge verbreitete sich der Bananenanbau dort rasch.

Die zwischen 25 und 40 Zentimeter langen Kochbananen sind nicht süß, sondern enthalten Stärke und müssen deshalb vor dem Verzehr gekocht werden. Ihr Fruchtfleisch ist fester und ihre Schale dicker als bei der Obstbanane.

Koriander

Koriander, auch als *Coriandro, Culantro* oder chinesische Petersilie bekannt, ist eine aromatische Gewürzpflanze, die der Petersilie ähnelt, sich jedoch im Aroma deutlich unterscheidet. Hat man keinen frischen Koriander zur Verfügung, ersetzt man ihn am besten durch Petersilie.

Heutzutage erhält man frischen Koriander in fast allen gut sortierten Asia-Shops.

Kürbis

Der Kürbis ist eine der ältesten Kulturpflanzen überhaupt, wie archäologische Funde aus Peru und Mexiko belegen. Die bisher ältesten Kürbisfunde stammen aus einer Höhle im südlichen Mexiko und werden auf ein Alter von etwa 12.000 Jahren geschätzt. Für die Ureinwohner Südamerikas scheint der Kürbis schon lange eine wichtige Nahrungsquelle gewesen zu sein. Sie nutzten nicht nur das Fruchtfleisch der damals noch bitter schmeckenden und kaum birnengroßen Früchte, sondern auch die öl- und eiweißreichen Samen.

Weitere archäologische Funde sprechen dafür, dass vor 6.000 bis 8.000 Jahren in Mittel- und Südamerika eine Epoche der Kürbiskultur blühte. Damals war er nicht nur Nahrungsmittel, sondern diente auch als Trinkgefäß, Werkzeug, Schwimmboje oder Musikinstrument. Heutzutage kennt man weltweit etwa 120 verschiedene Kürbisgattungen mit 800 Arten.

Mais

Indianische Mythen erzählen, dass die erste Maispflanze dem Grab einer schönen Jungfrau entspross. Moderne Gentechnik half festzustellen, dass die zahlreichen Mais-Varianten tatsächlich auf eine einzige Stammform zurückgehen, die vor etwa 9.000 Jahren im mexikanischen Bergland angebaut wurde.

Die drittwichtigste Getreidepflanze der Welt nach Weizen und Reis wurde ursprünglich aus dem Wildgras Teosinte, einem Gras Mittelamerikas, gezüchtet. Von der Teosinte mit kleinen Körnern existierten vor 8.000 Jahren vermutlich zwei Mutanten mit großen Körnern. Die Ureinwohner kreuzten diese beiden und erhielten eine Maissorte mit noch größeren, festsitzenden Körnern. Durch weitere Kreuzungen in den folgenden Jahren und Jahrhunderten wurde der Mais zu der Nahrungs- und Futterpflanze, die wir heute kennen.

Mate

Das Wort Mate leitet sich aus dem Quechua-Wort *Mati* ab. Damit bezeichneten die Inkas allerdings nicht die Pflanze oder ihre Blätter, sondern ein Kürbischalen-Gefäß, aus dem sie den Tee der fein zerstampften Blätter eines immergrünen Baumes tranken. Der Behälter gab dem Getränk seinen Namen und so begann der Siegeszug des grünen Goldes.

Mate ist ein teeähnliches Getränk, das aus den Blättern der *Lex Paraguarensis*, einem mit der Stechpalme verwandten Baum, gewonnen wird. Dieser kommt hauptsächlich in Argentinien, Uruguay, Paraguay und in Teilen Südbrasiliens vor und gedeiht an sonnigen Andenhängen noch in Höhen bis 1.000 Meter. Der Baum erreicht, wenn er frei wachsen kann, eine Höhe von bis zu zwölf Meter, der Stammdurchmesser beträgt dabei 30 Zentimeter. Die Hälfte des Koffeins ist allerdings an die im Tee enthaltenen Gerbstoffe gebunden und wird erst nach und nach freigesetzt. Somit regt Matetee an, aber nicht auf, ist also viel bekömmlicher als Kaffee.

Meerschweinchen

Vom ernährungswissenschaftlichen Standpunkt spricht nichts gegen den Genuss von Meerschweinchenfleisch. Das Gemeine Meerschweinchen *Cuy* wurde erstmals in der Gegend des heutigen Peru von den Inkas domestiziert und stellt hier, ebenso wie in Ecuador und Bolivien, auch heute noch ein bedeutendes Nahrungsmittel dar. Die kleinen 20 bis 25 Zentimeter langen (ausgestreckt) und bis zu ein Kilogramm schweren Vierbeiner werden direkt als Schlachttiere gezüchtet. Das traditionelle peruanische Hochzeitsmahl ist auch in unserer Zeit ohne Meerschweinchenfleisch nicht denkbar.

Von Peru aus fand das Meerschweinchen als exotisches Haustier seinen Weg nach Europa. Da ihr Fleisch geschmacklich sehr an das von Wildkaninchen erinnert, werden sie hier als Alternative empfohlen.

Mehl von Hülsenfrüchten

Erbsen- oder Bohnenmehl erhält man gelegentlich im Reformhaus. Ansonsten sollte man seinen Bäcker fragen: Da beide Mehlsorten zu den Bäckereiprodukten zählen, kann er sicher eine kleine Menge besorgen.

Minze

Die Minze *(Mentha spicata)* gehört zur Familie der Lippenblütler und ist eine mehrjährige Pflanze, die bis zu 45 Zentimeter hoch und 15 Zentimeter breit wird. Es gibt viele Arten mit unterschiedlichen Aromen, aber einem immer feinen und erfrischenden Geschmack. Die in südamerikanischen Gerichten für Eintöpfe, Lammbraten, Kartoffeln, Hülsenfrüchte, Salate und Hackbraten verwendete wild wachsende Mexikanische Minze *(Yerba buena)* kann getrost durch unsere grüne Minze mit fast gleicher Geschmacksnote ersetzt werden. Mitgekocht werden sollten stets nur getrocknete Blätter. Frische Minze wird kurz vor dem Servieren an das Gericht getan.

Oca

Die kartoffelähnliche, sehr frostresistente Knollenfrucht *(Oxalis tuberosa)* gehört zur Familie der Sauerkleegewächse und hat ihren Ursprung in den peruanischen Anden. Heutzutage wird Oca in 97 bekannten Variationen von Kolumbien bis Bolivien und Ecuador in Höhen von 2.300 bis 4.000 Meter (abhängig von der geografischen Breite) angebaut.

Der Nährwert und Mineralgehalt von Oca entspricht dem der Kartoffel, bei einigen Sorten soll er sogar noch höher liegen.

Generell wird Oca in der Küche ähnlich wie die Kartoffel eingesetzt: gekocht, in Eintöpfen gedünstet oder auch gebraten. Ocasorten, die auf sehr sonnigen Feldern wachsen, zeichnen sich durch einen hohen Zuckergehalt aus. Man benutzt sie sogar zur Herstellung von Marmeladen und Süßspeisen. Aus den Knollen zubereiteter Saft schmeckt wegen seines hohen Gehaltes an Kaliumoxalat sehr erfrischend.

Olluco

Bei dieser Pflanze handelt es sich neben der Kartoffel wohl um die wichtigste und kommerziell brauchbarste Knollenart der gesamten Andenregion von Venezuela bis ins nördliche Argentinien. Die frostresistente und schädlingsbefallarme Pflanze liebt gemäßigte Klimata.

Panela

Aus Kolumbien stammt die Tradition, Zuckerrohr in riesigen Eisenkesseln oder Pfannen kochend einzudicken – was heute auch industriell geschieht – bis ein dunkelbrauner Sirup entsteht, der in eckige Formen gegossen zu harten, braunen Blöcken kristallisiert. Diese so genannte *Panela* oder *Chancaca* ist in vielen Ländern Südamerikas die Zuckergrundlage zahlreicher Süßspeisen und Getränke.

Als Ersatz kann man dunkelbraunen Zucker verwenden. *Panela* selbst erhält man in Latino-Shops oder über das Internet.

Pfefferschote

Ají ist in Südamerika die gängige Bezeichnung für Sorten der Art *Capiscum baccatum.* Doch gibt es auch *Ajís,* die zu *Capiscum chinense* zählen *(Ají pacana, Ají Dulce, Ají Brown).*

Die meisten der hier erwähnten Pfefferschoten gedeihen auch in Europa und sind besonders in gut sortierten türkischen Gemüseläden preisgünstig zu erhalten. Man kann sie im Sommer im eigenen Garten anbauen, da sie relativ pflegeleicht sind und problemlos überwintern. Samen sind in guten Gärtnereien oder über das Internet erhältlich.

Pfefferschoten werden in Schärfegrade von 0 (brennt überhaupt nicht) bis 10 (Feuer) eingeteilt. Bei der Trocknung einer Sorte werden Aroma und Schärfe verstärkt.

Die Sorte Mirasol ist die in Peru gebräuchlichste mittelscharfe Pfefferschote. Bei einer Länge von etwa fünf Zentimeter haben die Schoten eine spitz zulaufende konische Form und eine orangegelbe Farbe. Die Schärfe steckt hauptsächlich in den Kernen und deren Versorgungsgefäßen. Das dünne Fleisch besitzt einen angenehm milden, frischen und wohltemperierten Geschmack und brennt kaum auf der Zunge.

Quinua (Quinoa, Kiwicha)

Seit ungefähr 5.000 Jahren bauen die Indios der Anden Quinua an – botanisch gesehen kein Getreide, sondern ein Reismehlgewächs, das bis zu drei Meter hoch werden kann. Heute sind noch etwa 40 verschiedene Arten bekannt, in den Blütenfarben Weiß, Gelb, Orange oder Tiefrot. An den Spitzen der Verzweigungen wachsen Tausende kleiner runder, hirseähnlicher Körnchen, etwa so groß wie ein Stecknadelkopf: die Samen der Pflanze. Die frischen Blätter werden als Salat oder wie Spinat verwendet. Im Inkareich nannte man die Pflanze »Mutter der Getreide« und die Inkaherrscher boten den Göttern Quinua als Opfergabe an. Zu Beginn der Aussaat unternahm der Herrscher selbst den ersten Spatenstich mit einem goldenen Grabspaten.

Quinua ist sehr vielseitig verwendbar: statt Reis oder Hirse, für Suppen, Gebäck, Süßspeisen, in der Diätküche usw.

Süßkartoffel

Die zur Familie der Windengewächse *(Convolvulaceae)* gehörende und botanisch mit der Jamswurzel verwandte Süßkartoffel ist ein einjähriges, buschiges Kraut, das an seinen bis zu drei Meter langen Sprossen Wurzeln entwickelt, die zu schweren Knollen anschwellen. Diese haben eine starke Schale und leicht mehliges, rötliches, bräunliches oder gelblich-weißes Fleisch.

Grundsätzlich werden Süßkartoffeln wie Kartoffeln vor- und zubereitet. Sie eignen sich sehr gut zum Kochen, Backen und Pürieren, jedoch weniger zum Braten, da sie relativ schnell zerfallen. In Asien und Südamerika zählen Süßkartoffeln zu den Grundnahrungsmitteln.

Dort werden aus den gekochten Knollen Mehl, Stärke, eine Art Sago sowie alkoholische Getränke hergestellt.

Die Süßkartoffel soll trocken, luftig und dunkel lagern bei mindestens 5° C. Wegen ihres hohen Wassergehalts ist sie weniger haltbar als die Kartoffel. Als Ersatz kann man die bei uns heimische Kohl- oder Steckrübe (von September bis Mai) verwenden.

Yucca

Im heutigen Mexiko und dem Nordosten Brasiliens schon Jahrhunderte vor der Entdeckung Amerikas angebaut, brachten portugiesische Sklavenhändler im 16. Jahrhundert die Yucca nach Guinea, in das Kongogebiet und später nach Indonesien. Heute wird die tropische Yucca in Brasilien, Kolumbien, Venezuela und Ecuador, von Togo bis ins Kongogebiet sowie in Indien, Thailand und Indonesien angebaut.

Sie benötigt zum guten Gedeihen Temperaturen um 20° C und 500 bis 5.000 Millimeter Niederschlag. Diese Bedingungen sind in den äquatornahen Nordanden noch bis in Höhen von 1.000 bis 1.500 Meter gegeben, so dass die Yucca, ursprünglich zwar nicht andinen Ursprungs, schon vor langer Zeit ihren Einzug in diese Regionen gehalten hat. Sie stellt als Beilage (gekocht, gebraten, frittiert, als Püree) und in Eintöpfen eine fast genauso wichtige Zutat der heutigen andinen Küche dar wie Kartoffeln, Süßkartoffeln, Oca oder Olluco.

Hierzulande erhält man süße Yucca frisch oder bereits sauber geschält, in Stücke geteilt und eingefroren in fast allen Asia-Shops.

Maße und Abkürzungen im Rezeptteil

EL	Esslöfel
TL	Teelöffel
g	Gramm
kg	Kilogramm
l	Liter
ml	Milliliter

Tee- und Esslöffel für frisch gehackte Kräuter und Butter sind gehäuft gefüllt, alle übrigen »gestrichen«.

Alle Rezepte mit Ausnahme der Saucen und Getränke sind, sofern nicht anders angegeben, für vier bis sechs Personen berechnet.

Bei Rezepten mit höherer Personenzahl handelt es sich meist um traditionelle Gerichte mit vielen Zutaten – gut an Festtagen für einen großen Verwandten- und Freundeskreis zu kochen. Bei einer Reduzierung der Rezepte werden von manchen Zutaten nur noch verschwindend geringe Mengen benötigt und man läuft Gefahr, die Geschmackskomposition des Gerichtes zu stören. In diesem Fall sollte man beim Abschmecken sehr sorgfältig vorgehen.

Bei Back- und Bratvorgängen im Backofen wird immer von einem vorgeheizten Ofen ausgegangen.

Benutzt man, wenn im Rezeptteil ein Schnellkochtopf angegeben ist, einen »normalen« Topf, so verlängert sich die Kochzeit etwa um das Dreifache.

Grundrezepte und Zubereitungshilfen

Achioteöl

1/2 l Öl (besonders gut: natives Olivenöl)
2 gestrichene EL Achiotepulver oder 2 gehäufte EL Annatosamen

Das Öl langsam erhitzen und das Achiotepulver mit dem Schneebesen langsam einrühren. Bei schwacher Hitze und geschlossenem Topf 10 Minuten ziehen lassen.

Das abgekühlte Öl durch ein feines Sieb oder Mulltuch gießen und in ein Schraubglas füllen. Kühl und dunkel aufbewahrt hält es sich mindestens ein Jahr.

Amaranth

siehe Quinua

Amaranth, gepoppt

Gepoppten Amaranth gibt es bereits fertig zu kaufen. Er ist jedoch auch sehr leicht selbst herzustellen. Dazu wird eine Pfanne mit geschlossenem Deckel ohne Fett stark erhitzt. Die Amaranth-Körner werden auf den heißen Boden gegeben und die Pfanne gleich von der Platte genommen, damit die Körner nicht anbrennen. Mit einem Holzlöffel etwas rühren, und die kleinen Amaranth-Samen beginnen kräftig zu poppen.

Andenlupine (Süßlupine)

Erhält man keine frischen Samen, kann man auch mit getrockneten arbeiten. Diese wie trockene Bohnen über Nacht in reichlich Wasser einweichen und am nächsten Tag in frischem Wasser im Schnellkochtopf 20 Minuten garen.

Chuño (gefriergetrocknete Kartoffeln)

Die gefriergetrockneten Kartoffeln werden so lange in lauwarmem Wasser gespült, bis es klar bleibt. In einen Topf geben, knapp mit Wasser bedecken und etwa 25 Minuten kochen. Die Kartoffeln zerfallen vollständig und ergeben ein Püree.

Wird in den Rezepten Chuño verlangt, kann man es problemlos durch die überall erhältliche Kartoffelstärke oder -püree ersetzen. Den leicht herben Geschmack des traditionellen Chuño ahmt man durch eine geringe Menge sehr fein geschnittener und braun angebratener Lauchzwiebeln (höchstens eine Lauchzwiebel auf 500 g Püree) nach, die unter das Kartoffelpüree gemischt oder an den Eintopf gegeben werden. Normalerweise sollen Lauchzwiebeln nur gedünstet werden, da sie sonst herb und leicht bitter schmecken.

Erdnüsse, Getreide, Körner rösten

Körner oder Nüsse locker auf einem mit Backpapier belegten Blech verteilen und im Ofen bei 200° C etwa 5 Minuten rösten.

Würzsauce Hogao
Sofrito

10 reife Tomaten
1 rote oder grüne Paprikaschote
2 milde Pfefferschoten
3 EL Öl
6 fein gehackte Lauchzwiebeln
4 fein gehackte Zwiebeln
4 zerdrückte Knoblauchzehen
Safran oder 1 EL Achioteöl (Seite 55)
zerstoßener Kümmel

Die Tomaten kurz in kochendes Wasser tauchen, häuten und fein würfeln. Paprika und Pfefferschoten halbieren, entkernen und waschen, die Paprikaschote in feine Würfel schneiden und diese zerdrücken, die Pfefferschoten fein hacken.

Öl erhitzen und alle Zutaten bis auf den Kümmel unter häufigem Rühren mit einem Holzlöffel etwa 20 Minuten andünsten, bis eine glatte, feine Würzsauce entsteht. Mit Pfeffer, Salz und Kümmel abschmecken.

Diese Würzsauce ist eine Grundzutat für zahlreiche nicht nur kolumbianische Rezepte und eignet sich auch hervorragend zum Würzen deutscher Eintöpfe oder als gesunde Sauce über gebratenes Fleisch oder zu Fisch. Es lohnt sich deshalb, gleich eine größere Menge zu kochen und portionsweise einzufrieren.

In einem großen Topf – beim Kochen steigt die Flüssigkeit hoch – mit 200 ml Wasser alle Zutaten erhitzen und unter ständigem Rühren bei schwacher Hitze kochen, bis sich alles gelöst hat. Weiter einkochen, dabei des Öfteren umrühren und den sich bildenden Schaum abschöpfen. Wenn die Konsistenz von zähflüssigem Honig erreicht ist, abkühlen lassen.

In einem verschlossenen Gefäß ist der Honig praktisch unbegrenzt haltbar. Beginnt er zu kristallisieren, muss er wie normaler Honig im Wasserbad erwärmt werden.

Honig aus braunem Zucker
Miel de chancaca

für 350-400 ml Sirup

1 kg geriebene Panela (Chancaca) oder möglichst dunkelbrauner streufähiger Zucker
125 g weißer Zucker
4 Gewürznelken
1 Stange Zimt
1 ungespritzte Orange (in Stücke geschnittene Schale)

Die Milch zum Kochen bringen, den Zitronensaft zugießen und kurz aufkochen – es bilden sich Käseflocken. Die gesamte Masse in ein Sieb schütten, das mit einem Mulltuch ausgelegt ist, und gut abtropfen lassen. Wenn die Masse abgekühlt ist, nach Geschmack Salz unterkneten, zurück in das Tuch geben und nochmals ausdrücken.

Einen flachen Laib formen, in das Tuch einschlagen und zwischen zwei Brettern mit einem Stein beschwert etwa 24 Stunden ruhen lassen. Dabei den Käse so lagern, dass die Flüssigkeit ablaufen kann.

Fein gehackte frische Kräuter nach Belieben, die vor dem Pressen mit in die Käsemasse eingeknetet werden, ergeben ein wunderbar individuelles Aroma.

Käse, weißer
Queso blanco

für etwa 500 g Käse

4 l Vollmilch
1/2 Tasse frisch ausgepresster Zitronensaft

2 Holzbretter
schwerer Stein oder Gewicht

Variante

Labtabletten (aus der Apotheke oder dem Internet, auch in Tropfenform erhältlich) in der auf der Packung angegebenen Menge in lauwarmem Wasser auflösen.

4 l Vollmich erhitzen – Bauern(Roh-)milch auf 38° C, pasteurisierte auf 75° C – und die Labflüssigkeit einrühren. Wenn nach 30 bis 60 Minuten die Käsemasse stockt, sie unter ständigem Rühren auf etwa 50° C erhitzen. Wenn sich Käse und Molke trennen, abkühlen lassen und wie oben weiterarbeiten.

Statt des Lab kann auch 1/2 l Buttermilch verwendet werden; die Stockung dauert etwas länger.

Kaldaunen (Pansen) vom Rind

Die Kaldaunen – der Vormagen, in dem die pflanzliche Nahrung bakteriell zersetzt wird – müssen sehr frisch und gut gereinigt sein. Sie werden mehrere Stunden gewässert, auf ein Brett gelegt, mit Mehl und Salz bestreut und tüchtig mit den Händen gerieben. Anschließend mit lauwarmem Wasser waschen, um den äußeren Talg zu entfernen. In einem Topf mit kaltem Wasser zum Kochen bringen, das heiße Wasser abgießen und diesen Vorgang dreimal wiederholen. Die Kaldaunen in die gewünschte Größe schneiden und im Schnellkochtopf – auf 2 l Wasser 1 TL Natron – zehn Stunden garen, so verliert sich der Eigengeschmack völlig.

In der Regel bieten Schlachter küchenfertig vorbereitete Kaldaunen an.

Oliven, eingelegte
Aceitunas pasadas

100 frische grüne und schwarze Oliven
3 Zweige frischer Oregano
6 fein gehackte Knoblauchzehen
4 schwarze Pfefferkörner

Die Oliven mit den Zinken einer kleinen Gabel oder mehrmals mit einem Zahnstocher anstechen. Eine Woche in frisches Wasser legen, dabei das Wasser täglich mindestens dreimal wechseln. An den letzten beiden Tagen dem Wasser bei jedem Wechsel Salz zugeben.

Den Oregano fein hacken. Wasser mit Knoblauch, Pfefferkörnern, Oregano und etwas Salz aufkochen. Erkalten lassen.

Die Oliven in eine sterilisierte Glasflasche geben, mit der Flüssigkeit übergießen und gut verschlossen an einem dunklen, kühlen Ort aufbewahren.

Eingelegte Oliven halten sich einen Monat.

Quinua, gekocht
Quinua cocida

1 Teil Quinua-Körner
2 Teile Brühe, Milch oder Wasser

Die Getreidekörner mehrmals gründlich waschen, bis das Wasser klar bleibt, eventuell Steinchen auslesen.

Die Körner in einem Topf mit der Brühe 5 Minuten einweichen. Aufkochen und bei schwacher Hitze wie Reis ziehen lassen, bis die Körner die Flüssigkeit aufgesogen haben. Das Getreide ist gar, wenn das Korn weich ist, transparent aussieht und sich der spiralförmige Keim löst. Um ein gutes Aufquellen zu erreichen, erst nach dem Kochen salzen.

Quinua, besonders körnig gekocht
Seco de quinua

250 g Quinua-Körner
4 EL Öl
3 sehr fein gehackte Knoblauchzehen
1 sehr fein gehackte Zwiebel

Die Getreidekörner mehrmals gründlich waschen, bis das Wasser klar bleibt, eventuell Steinchen auslesen.

Öl erhitzen und den Knoblauch leicht anbraten. Die Getreidekörner zugeben und unter ständigem Rühren 10 Minuten anbraten – **Vorsicht:** Die feuchten Körner können springen und Verbrennungen hervorrufen! Die Zwiebel hinzufügen und weitere 5 Minuten braten.

Vorsichtig 1/2 l kochendes Wasser zugießen, nach Geschmack salzen und alles bei schwacher Hitze und geschlossenem Topf 25 Minuten garen.

Teig aus vorgekochtem Maismehl
Empanadas

1 Tasse Mehl
1 Tasse lauwarmes Wasser

Mehl mit lauwarmem Wasser und 1 TL Salz anrühren. Gut durchkneten, 30 Minuten ruhen lassen und erneut gründlich durchkneten, bis der entstandene Teig sehr elastisch ist und beim Ausrollen nicht reißt.

Weiße Delikatesse
Manjar blanco / Dulce de leche

25 g Reis oder Reisstärke
3 l Milch
1 frische Feige
1 kg Zucker
50 g Rosinen

Den Reis zwei Tage in Wasser einweichen.

Dann mit wenig Milch im Mixer pürieren und mit der restlichen Milch mischen. Alternativ Reisstärke in etwas Milch anrühren und an die kochende Flüssigkeit geben.

Die Feige so fein wie möglich hacken. Die Milch langsam erhitzen und den Zucker lösen. Alles zum Kochen bringen und bei schwacher Hitze unter ständigem Rühren mit einem Holzlöffel einkochen. Wenn man beim Rühren den Boden des Topfes sieht, Rosinen und Feige einrühren.

Den Topf vom Herd nehmen und die Creme in gut verschließbare Behälter füllen.

Im Kühlschrank aufbewahrt hält sich Manjar blanco bis zu fünf Wochen. Die Zubereitung ist nicht sehr aufwändig: Der Kochvorgang dauert nur etwa 45 Minuten.
Der Verwendung dieser Köstlichkeit sind keine Grenzen gesetzt: pur zum Kaffee oder auf Kekse gestrichen, »eingedeutscht« als Brotaufstrich oder als Füllung für Tortenböden oder eine Biskuitrolle.

Weizenkörner

siehe Quinua

Eintöpfe und Suppen
Sancochos y Sopas

Was man für die Zubereitung solch schmackhafter Eintöpfe und Suppen braucht, ist Zeit: Zeit zum Kleinschneiden der vielen Zutaten und zum Kochen, damit sich das Aroma vollständig entfalten kann.

Bohnen mit Kürbis
Porotos granados con zapallo (Chile)

Dieses Gericht vereint die drei typischen Nahrungsmittel der andinen Indios: Bohnen, Mais und Kürbis. Zwiebeln und Knoblauch kamen aus dem fernen Europa dazu.

für 8 Personen

1 Tomate
1 scharfe rote oder grüne Pfefferschote der Sorte Colorado
1 EL Öl
1 EL Butter
2 fein gehackte Zwiebeln
2 fein gehackte Knoblauchzehen
1/2 TL Oregano
500 g Kürbisfleisch
2 kg frische weiße Bohnen
3 unreife Maiskolben oder 300 g Tiefkühlmais
4 Zweige Basilikum

Die Tomate kurz in kochendes Wasser tauchen, häuten und klein schneiden. Die Pfefferschote halbieren, entkernen, waschen und fein hacken.

Öl und Butter erhitzen, Zwiebeln und Knoblauch glasig dünsten und leicht anbräunen. Pfefferschote, Tomate, 1/2 TL Salz, 1/2 TL gemahlenen Pfeffer und Oregano zufügen und alles unter Rühren zu einem Püree einkochen. Das Kürbisfleisch in 2 cm dicke Würfel schneiden und mit den Bohnen in einen Topf geben. Das Püree zugeben, alles mit Wasser bedecken und bei geschlossenem Topf anderthalb Stunden kochen.

Währenddessen die Maiskörner von den Kolben schneiden und im Mixer pürieren. Den Mais langsam unter ständigem Rühren an den Eintopf geben und unter ständigem Rühren weitere 15 Minuten kochen.

Zuletzt mit dem Holzlöffel kräftig durchschlagen, damit auch die Kürbiswürfel sich auflösen und im Eintopf verteilen. Sollte er zu dickflüssig sein, vorsichtig etwas kaltes Wasser oder Milch unterziehen.

Das Basilikum fein hacken und über die Bohnen streuen. Sehr heiß servieren.

Variante
Sind keine frischen weißen Bohnen erhältlich, getrocknete verwenden: über Nacht einweichen, zwei Stunden kochen und wie oben beschrieben zubereiten.

Traditionell wird jeder Teller Eintopf mit einer Portion Pebre-Sauce (Seite 169) serviert.

Kürbiseintopf

Locro de zapallo (Peru)

Diese einfachere Form eines Locro enthält keinen weißen Mais, ist auf seine Art aber sehr schmackhaft.

für 4-6 Personen

1 1/2 kg Fleisch vom Sommerkürbis
3 große mehlig kochende Kartoffeln
2 unreife Maiskolben
80 ml Pflanzenöl
1 fein gehackte Zwiebel
3 Knoblauchzehen
nach Geschmack: Cayennepfeffer
Oregano
250 g frische Erbsen
1/8 l Kondensmilch
125 g weißer Käse (Seite 57)
Oliven
dünne Scheiben weißer Käse

Das Kürbisfleisch in kleine Würfel schneiden. Die Kartoffeln schälen und vierteln. Die Maiskolben in 1 cm dicke Scheiben schneiden.

Öl erhitzen, Zwiebel und zerdrückten Knoblauch anbraten. Nach Geschmack mit Cayennepfeffer, Oregano, Pfeffer und Salz würzen. Kürbiswürfel, Kartoffeln, Erbsen und Maiskolben zugeben, ohne Wasser bei schwacher Hitze und geschlossenem Topf 20 Minuten köcheln.

Die Milch und den sehr fein gebröckelten Käse hinzugeben und unter Umrühren kurz aufkochen.

Mit Oliven und Käsescheiben dekoriert servieren.

Dazu schmeckt Reis.

Eintopf aus roten Bohnen

Frisoles (Kolumbien)

Dieser typische Eintopf der Andenbauern ist Bestandteil der traditionellen Bandeja paisa (Seite 209).

am Vortag beginnen,
3 Stunden Kochzeit

250 g rote Bohnen
250 g Schweineklaue
1 Möhre
1 grüne Kochbanane
1/8 l Würzsauce Hogao (Seite 56)
1 EL Öl
Kümmel

Die Bohnen waschen und über Nacht in 1 3/4 l Wasser einweichen.

Am nächsten Tag die Schweineklaue in grobe Stücke zerteilen. Die Möhre reiben, die Kochbanane schälen und klein hacken. Die Bohnen im Einweichwasser mit Schweineklaue, Möhre, Kochbanane und der Würzsauce etwa drei Stunden weich garen.

Öl zufügen, mit Pfeffer, Salz und Kümmel abschmecken, den Eintopf auf die gewünschte Dicke einkochen.

Varianten

Dieses Gericht kann auch mit klein gehackten Weißkohlblättern serviert werden und/oder mit gehacktem Zitronat – schmeckt sehr delikat.

Eintopf aus trockenen Bohnen
Menestra (Ecuador)

am Vortag beginnen

300 g trockene Bohnen oder Linsen
1 Tomate
1 grüne Paprikaschote
2 EL Öl
1 fein gehackte rote Zwiebel
1 fein gehackte weiße Zwiebel
zerstoßener Kümmel
1 grüne Kochbanane

Die Bohnen über Nacht in Wasser einweichen.

Am nächsten Tag im Einweichwasser etwa eine Stunde sehr weich kochen, dabei gelegentlich umrühren. Die Tomate kurz in kochendes Wasser tauchen, häuten und klein schneiden. Die Paprika halbieren, entkernen, waschen und fein würfeln.

Öl erhitzen und beide Zwiebeln glasig dünsten. Paprika und Tomate zugeben, 7 Minuten dünsten. Mit Pfeffer, Salz und Kümmel würzen.

Die Sauce unter die garen Bohnen rühren. Die Kochbanane sehr fein reiben und ebenfalls zugeben. Den Eintopf weitere 20 Minuten erhitzen, dabei häufig umrühren, damit die Bohnen nicht anbrennen. Die Kochflüssigkeit des Eintopfs sollte die Bohnen knapp bedecken, damit das Gericht weder zu flüssig noch zu trocken wird – eventuell durch Wasserzugabe oder Einkochen nachregulieren. Mit Salz abschmecken.

Dieser Eintopf basiert auf der Tradition der Anden-Indios, aus Bohnen einen nahrhaften Brei zu kochen. Für unseren Gaumen wurde er etwas verfeinert. Ein Schuss Olivenöl oder eine Pfefferschotensauce nach Belieben über den Eintopf gegeben rundet dessen Geschmack vorzüglich ab.
Schmeckt gut zu gekochtem Quinua (Seite 59), Reis, aber auch zu gebratenem Fleisch.

Eintopf aus weißem Mais
Locro de maíz blanco (Peru)

Bei diesem Rezept handelt es sich um die ursprüngliche Version des Gerichtes, von dem es zahlreiche regionale Varianten gibt.

am Vortag beginnen,
3 Stunden Kochzeit
für 6 Personen

500 g reife weiße Maiskörner
125 g weiße Bohnen
1 kg Rinderbrust
125 g Schweineohr
125 g geräucherter durchwachsener Schweinebauch
1 kleine Zwiebel
1 Tomate
350 g gelbes Kürbisfleisch
2 Süßkartoffeln
1 fein gehackte Gemüsezwiebel
1 TL Kümmel
100 g Schweineschmalz
1 fein gehackte Zwiebel
1 EL süßes Pfefferschotenpüree (Seite 174)
1 TL Cayennepfeffer

Maiskörner und Bohnen über Nacht in reichlich kaltem Wasser einweichen.

Am nächsten Tag das Fleisch, die kleine Zwiebel und die Tomate zu Mais und Bohnen ins Einweichwasser geben, vorsichtig salzen und alles bei schwacher Hitze gut zwei Stunden kochen, bis der Mais sich aufzulösen beginnt. Durch das lange Kochen verdampft viel Wasser und der Mais verbraucht das Vierfache seines Volumens an Flüssigkeit – deshalb immer wieder heißes Wasser nachgießen.

Kürbisfleisch und Süßkartoffeln würfeln und mit Gemüsezwiebel und Kümmel in den Maissud geben. Sind die Gemüse gar, das Fleisch herausnehmen, klein schneiden, zurück in den Topf geben und alles kurz aufkochen.

Schmalz zerlassen, fein gehackte Zwiebel, Pfefferschotenpüree und Pfeffer unter ständigem Rühren 5 Minuten anbraten.

Die Sauce entweder unterrühren oder getrennt dazu reichen und jeder bedient sich nach Geschmack.

Locro ist ein Schmorgericht, das als Hauptelement reifen weißen Mais enthält, der einer langen Kochprozedur unterworfen werden muss, um weich zu werden. Je nach Region werden verschiedene Arten von Fleisch, Gemüse und Hülsenfrüchte beigefügt. Oft ergänzt man das Gericht mit einer pikanten Sauce, um den süßen Geschmack des weißen Mais hervorzuheben.

Eintopf aus Bein vom Rind
Patasca (Argentinien)

500 g Beinfleisch vom Rind
250 g Pansen vom Rind
1 TL Natron
2 Kartoffeln
4 milde Pfefferschoten der Sorte Panca
2 EL Schmalz
250 g gekochte unreife weiße Maiskörner oder gelber Mais
1 TL rotes Paprikapulver
1 EL fein gehackte frische Minze

Das Beinfleisch und besonders den Pansen gründlich mit lauwarmem Wasser waschen und im Schnellkochtopf in reichlich Wasser mit Natron etwa eine Stunde weich kochen. Abtropfen lassen und in portionsgerechte Stücke schneiden.

Die Kartoffeln schälen und würfeln. Die Pfefferschoten halbieren, entkernen, waschen und fein hacken.

In einem großen Topf Schmalz zerlassen, Kartoffeln, Pfefferschoten, Mais, Fleisch, Paprika sowie 1 l heißes Wasser zugeben und aufkochen. Pfeffern, salzen und bei schwacher Hitze 40 Minuten köcheln.

Mit Minze bestreut servieren.

Eintopf aus Kaninchenfleisch mit einer Creme aus Erdnuss- und Erbsenmehl
Runaucho (Ecuador)

für 6 Personen

1/2 ausgenommenes Kaninchen oder 1 kleines Meerschweinchen
12 Kartoffeln
1 EL Schweineschmalz
1/2 TL Achiotepulver
3 fein gehackte Zwiebeln
2 fein gehackte Knoblauchzehen
1/2 TL zerstoßener Kümmel
150 g frische Erbsen
200 g geröstete und gemahlene Erdnüsse (Seite 56)
1 l Milch
125 g Erbsenmehl
1 TL trockener Oregano
3 grob gehackte Zwiebeln

Das Fleisch würfeln, waschen und mit Küchenpapier trockentupfen. Die Kartoffeln schälen.

In einem großen Topf Schmalz zerlassen, das Achiotepulver einrühren, fein gehackte Zwiebeln und Knoblauch glasig dünsten. Das Fleisch zugeben, mit Kümmel, 1/4 TL Pfeffer und etwas Salz würzen, goldbraun braten.

1 1/2 l Wasser zugießen, Erbsen sowie Kartoffeln beifügen und 25 Minuten kochen, bis die Kartoffeln gar sind.

Währenddessen die Erdnüsse in die Hälfte der lauwarmen Milch einrühren, das Erbsenmehl in der restlichen, ebenfalls lauwarmen Milch auflösen.

Die garen Kartoffeln herausnehmen und warm halten. Die Milch mit Erdnüssen und Erbsenmehl in den Sud rühren und alles unter ständigem Rühren 15 Minuten kochen.

Oregano und grob gehackte Zwiebeln beifügen, alles weitere 5 Minuten ziehen lassen.

Die Kartoffeln in tiefen Tellern anrichten und die Creme darüber verteilen.

Dazu reicht man gekochte Maiskolben mit einer Creme aus Pfefferschoten.

Eintopf nach Art von Bogotá
Ajiaco bogotano (Kolumbien)

500 g mehlig kochende Kartoffeln
250 g fest kochende Kartoffeln
400 g Steckrüben
2 zarte unreife Maiskolben
1/2 l Milch
400 g Brustfleisch vom Huhn
2 Knoblauchzehen
1 1/2 Lauchzwiebeln
2 TL fein gehackte Petersilie
2 TL fein gehackter frischer Koriander
2 Avocados
50 g Kapern
1/4 l saure Sahne

Die Kartoffeln schälen und in Scheiben schneiden. Die Steckrüben würfeln. Die Maiskolben in 3 cm dicke Scheiben schneiden.

Milch mit 1 1/2 l Wasser mischen und das Hühnerfleisch mit Kartoffeln, Steckrüben und zerdrücktem Knoblauch 45 bis 60 Minuten kochen, bis die mehlig kochenden Kartoffeln fast zerfallen. Mit Pfeffer und Salz abschmecken.

Währenddessen in einem zweiten Topf die Maiskolbenscheiben in Wasser 30 bis 40 Minuten garen.

Die Fleischstücke aus der Suppe nehmen, in grobe Stücke zerfasern und warm halten. Die Maiskolbenscheiben zur Suppe geben, Lauchzwiebeln, Petersilie und Koriander hinzufügen. Alles bei schwacher Hitze einkochen, bis die Suppe eine cremige Konsistenz hat.

Die Avocados schälen und in lange Streifen schneiden. Suppe und Fleisch getrennt reichen, Kapern, saure Sahne und Avocadostreifen als Beilage servieren.

Variante
Statt des Erbsenmehls kann auch Bohnenmehl aus dem Reformhaus oder der Bäckerei verwendet werden.

Eintopf aus Weizenschrot mit Schweinerücken

Cuchuco de trigo con espinazo de cerdo (Kolumbien)

für 4-6 Personen

500 g Schweinerücken
125 g Weizenschrot
2 fein gehackte Lauchzwiebeln
2 Knoblauchzehen
125 g mehlig kochende Kartoffeln
250 g kleine fest kochende Kartoffeln
3 Weißkohlblätter
125 g gekochte grüne Erbsen
125 gekochte frische dicke Bohnen oder aus dem Glas
2 EL Maisstärke

Den Schweinerücken in 1 3/4 l Wasser kochen. Weizenschrot, Lauchzwiebeln und zerdrückten Knoblauch zufügen, alles bei starker Hitze 45 Minuten kochen.

Die Kartoffeln schälen und fein würfeln. Den Weißkohl fein hacken.

Den Schweinerücken aus der Brühe nehmen und zur Seite legen. Kartoffeln, Erbsen und Bohnen in die Brühe geben und diese weitere 15 Minuten ziehen lassen.

Den Schweinerücken in portionsgerechte Stücke teilen und mit dem Kohl in die Suppe geben. Die Stärke in etwas Wasser anrühren und die Suppe damit andicken. Bei schwacher Hitze und geschlossenem Topf weitere 20 Minuten ziehen lassen.

Sehr heiß servieren.

Venezolanischer Hühnereintopf
Hervido de gallina (Venezuela)

Zu Kolonialzeiten pflegte man diesen Eintopf fast täglich vor dem Hauptgang zu reichen, quasi als Vorspiel zum opulenten Mahl.

1/2 ausgenommenes Huhn
2 unreife Maiskolben ohne Blätter
125 g Sellerie
125 g Ocumo (Knolle eines essbaren Aronstabgewächses) oder fest kochende Kartoffeln
125 g Jamswurzel
250 g Yucca
125 g Möhre
250 g Fleisch vom Winterkürbis
1 rote Paprikaschote
2 mittelscharfe Pfefferschoten der Sorte Mirasol
2 Lauchzwiebeln
2 Knoblauchzehen
1 große Zwiebel
2 EL Maisöl
1 Zweig frischer Koriander
1 Zweig frische Minze
1 Zweig glattblättrige Petersilie
nach Geschmack: fein gehackter frischer Koriander

Das Huhn waschen und in mittelgroße Stücke schneiden. Die geviertelten Maiskolben, Sellerie, Ocumo, Jamswurzel, Yucca, Möhre und Kürbisfleisch in 2 1/2 cm große Würfel schneiden. Paprika und Pfefferschoten halbieren, entkernen und waschen, die Paprikaschote grob würfeln, die Pfefferschoten fein hacken. Die Lauchzwiebeln grob hacken.

Das Huhn in einen großen Topf mit 1 1/2 l kaltem Wasser geben. Nach Geschmack salzen, Lauchzwiebeln, Paprika, eine zerdrückte Knoblauchzehe, eine halbe Zwiebel, Maiskolben und die Hälfte der Pfefferschoten beifügen. Aufkochen und ziehen lassen, bis Mais und Hühnerfleisch weich sind. Um eine klare Brühe zu erhalten, beim Kochen gelegentlich den Schaum abschöpfen.

Paprikawürfel, Lauchzwiebeln und das Zwiebelstück aus der Brühe nehmen. Sellerie-, Ocumo-, Jams-, Yucca- und Möhrenwürfel in die Brühe geben und gar kochen. Zuletzt die Kürbiswürfel beifügen, kurz gar ziehen lassen, alles mit Salz abschmecken. Die zweite Zwiebelhälfte fein hacken und mit der restlichen zerdrückten Knoblauchzehe und der zweiten Pfefferschote in Öl anschwitzen. Zur Suppe geben.

Die Kräuterzweige und eine Prise Pfeffer an die Suppe geben und diese bei schwacher Hitze weitere 5 Minuten ziehen lassen. Die Kräuterzweige vor dem Servieren herausnehmen.

Serviert wird die Brühe – meist mit Koriander bestreut – in einem tiefen Teller. Gemüse und Fleisch werden getrennt gereicht, damit der Gast sich nach seinen Vorlieben bedienen kann.

Eintopf nach Art der Anden
Pisca andina (Venezuela)

Reist man durch die andinen Regionen der Städte Mérida, Trujillo und Barquisimeto, wird einem diese Suppe mit ihrem charakteristischen sanften und delikaten, aber nachdrücklich vom Koriander geprägten Geschmack häufig begegnen.

- *4 große fest kochende Kartoffeln*
- *1 l Hühnerbrühe*
- *Butter*
- *2 fein gehackte Lauchzwiebeln*
- *3 Knoblauchzehen*
- *Milch*
- *200 g Räucherkäse*
- *1 EL fein gehackter Koriander*

Die Kartoffeln schälen, würfeln und in der Brühe 25 Minuten garen.

Butter zerlassen, Lauchzwiebeln und zerdrückten Knoblauch anschwitzen. Zu den Kartoffeln geben, mit Pfeffer und Salz abschmecken. Milch zugießen, bis die gewünschte Konsistenz erreicht ist, und den gewürfelten Käse unterrühren. Bei schwacher Hitze rühren, bis der Käse etwas schmilzt.

Mit Koriander bestreuen und in Suppentassen aus Ton servieren, die die Wärme lange halten.

Gewöhnlich ist die Pisca andina ein Teil des Frühstücks und wird mit Natilla und Arepas (Seite 143) aus Weizenmehl gereicht.

Dieses Gericht ist »das« Gericht von La Paz, der 3.600 Meter hoch gelegenen Hauptstadt Boliviens. Es vereint die traditionellen Zutaten der Andenküche und die besondere Einfachheit in der Herstellung – alles in einem Topf – mit außergewöhnlicher Schmackhaftigkeit. Das traditionelle Gericht kennt heutzutage viele Variationen in den Beilagen (etwa verschiedene gebratene Fleischsorten) oder in der Würzung (mit den unterschiedlichen Gemüsesorten und Maisblättern im Topf werden zum Beispiel Minzezweige mitgedünstet), aber eines bleibt immer gleich: Die pikante Sauce ist ein absolutes Muss.

Besonders zu Alasitas kocht man den Plato paceño. Dieser ganz spezielle bolivianische Feiertag wird am 24. Januar zu Ehren der Heiligen Jungfrau von La Paz mit Messen sowie dem Verkauf und der Ausstellung traditioneller indianischer Produkte auf den Märkten gefeiert. Alasitas fällt auf den gleichen Tag, an dem die andinen Urindios alten Legenden zufolge ihren Gott Ekeko als Gott des Überflusses ehrten – ein hervorragendes Beispiel der Symbiose und Harmonie christlicher und überlieferter Religion.

Gericht à la La Paz
Plato paceño (Bolivien)

4 große Maiskolben mit Blättern
weitere Maisblätter
500 g frische dicke Bohnen
8 weich kochende Kartoffeln
200 g weißer Käse (Seite 57)
Öl

für die pikante Sauce:
1 Tomate
5 scharfe rote Pfefferschoten der Sorte Rocoto
nach Geschmack: frische Basilikumblätter

Die Blätter von den Maiskolben trennen und beides gründlich waschen. Bohnen und Kartoffeln ebenfalls waschen.

Einen Topf mit einem Drittel der Maisblätter auslegen, die Maiskolben darauflegen, mit heißem Salzwasser knapp bedecken und mit dem zweiten Drittel der Maisblätter bedecken. Wenn das Wasser kocht, die Bohnen auf den Maisblättern verteilen und alles bei geschlossenem Topf 25 Minuten kochen.

Die Kartoffeln auf den Bohnen verteilen, mit den restlichen Maisblättern zudecken und alles weitere 20 bis 25 Minuten garen, bis die Kartoffeln weich sind. Der ganze Garvorgang soll nur im Dampf geschehen. Benutzt man einen Schnellkochtopf, diesen 8 cm hoch mit Wasser füllen und Maisblätter sowie Gemüse in den durchlöcherten Einsatz schichten. Der Kochvorgang verkürzt sich auf insgesamt 15 Minuten, beginnend beim ersten Abblasen des Schnellkochtopfes.

Währenddessen den Käse in 5 mal 5 cm große und 1/2 cm dicke Scheiben schneiden und in reichlich Öl von beiden Seiten goldbraun anbraten. Verwendet man eine Käsesorte, die bei Hitze verläuft, jede Seite der Käsescheiben vor dem Braten mit Mehl bestäuben.

Für die Sauce die Tomate kurz in kochendes Wasser tauchen und häuten. Die Pfefferschote halbieren, entkernen, waschen und fein hacken. Mit Basilikum und einem Spritzer Öl im Mixer pürieren und mit Salz abschmecken.

Pro Person einen Maiskolben, zwei Kartoffeln, die entsprechende Menge Bohnen und gebratenen Käse mit der pikanten Sauce servieren.

Eintopf aus gefriergetrockneten Kartoffeln
Chuño-cola (Peru)

Dies ist eines der typischen Gerichte für kalte Tage, überliefert von den alten Inkas und noch heute ein »Renner« in der Gastronomie Cuscos. Ganz zünftig nimmt man diesen Eintopf mit Holzlöffeln, in Cusco Huislla genannt, zu sich. Zur Gänze kann unser gutes Kartoffelmehl das leicht herbe Geschmackserlebnis des Chuño, das aus speziellen Kartoffelsorten gewonnen wird, nicht wiedergeben, aber delikat ist Chuño-cola – auch mit Kartoffelmehl – auf jeden Fall.

400 g gekochte oder gebratene Fleischreste (Rind oder Schwein) oder Würstchen
250 g kleine Kartoffeln
200 g durchwachsener Speck
1 Zweig Selleriekraut
2 EL Öl
2 fein gehackte große Zwiebeln
2 fein gehackte Knoblauchzehen
1 fein gehackte Lauchzwiebel
1 l Rinderbrühe
100 g Quinua-Körner
400 g Kichererbsen oder frische grüne Erbsen oder Tiefkühlerbsen
zerstoßener Kümmel
40 g Kartoffelmehl oder Chuño (Seite 55)
1 gelbe Paprikaschote
1 rote Paprikaschote
1 EL fein gehackte frische Minze

Das Fleisch würfeln. Die Kartoffeln schälen, den Speck fein würfeln, das Selleriekraut fein hacken.

In einem Topf Öl erhitzen, Zwiebeln und Knoblauch glasig dünsten. Speckwürfel und Lauchzwiebel zugeben, unter ständigem Rühren goldbraun braten. Die Brühe unter Rühren zugießen und aufkochen. Kartoffeln, Selleriekraut und Quinua-Körner beifügen, alles bei geschlossenem Topf 15 Minuten ziehen lassen.

Kichererbsen sowie Fleischreste zugeben und die Suppe weitere 20 Minuten ziehen lassen. Mit Pfeffer, Salz und Kümmel abschmecken.

Das Kartoffelmehl in wenig kaltem Wasser anrühren, in den Topf geben und alles unter ständigem Rühren weitere 5 Minuten kochen, bis der Eintopf eine schöne Konsistenz hat. Wer ihn etwas dünnflüssiger liebt, sollte nur 30 g Kartoffelmehl verwenden.

Die Paprika halbieren, entkernen, waschen und in feine Streifen schneiden. Den Eintopf in rustikalen Tonschalen servieren, mit Minze und Paprikastreifen garnieren.

Quinua-Suppe
Chupe de quinua (Peru)

500 g Schweine- oder Rindfleisch
5 Möhren
1/3 Sellerieknolle
3 EL Öl
1 gehackte Zwiebel
2 Knoblauchzehen
1 TL Cayennepfeffer
500 g Quinua-Körner
200 g Weißkohl
3 Kartoffeln
200 g frische grüne Bohnen
frischer Oregano
frische Minze
frischer Koriander

Das Fleisch in mundgerechte Würfel schneiden und in 1 1/2 l leicht gesalzenem Wasser gar kochen. Herausnehmen und die Brühe aufbewahren. Möhren und Sellerie würfeln.

In einem Topf Öl erhitzen, Zwiebel, Möhren und Sellerie andünsten. Mit der Brühe aufgießen, zerdrückten Knoblauch und Cayennepfeffer zugeben. Mit Salz abschmecken und Quinua-Körner beifügen. Aufkochen und 15 Minuten ziehen lassen.

Den Weißkohl in Streifen, die Kartoffeln in grobe Stücke schneiden. Bohnen, Weißkohl und Kartoffeln mit dem Fleisch zur Suppe geben. Aufkochen und 20 Minuten ziehen lassen, bis die Kartoffeln gar sind.

Abschmecken und nach Belieben klein gehackten Oregano unterrühren. Sehr heiß servieren und mit Minze und/oder Koriander bestreuen.

Variante
Von dieser traditionellen Suppe aus der Inkazeit gibt es eine interessante kalorienreduzierte Variante: Auf das Fleisch wird verzichtet und ein Brühwürfel (Gemüse oder Fleisch) verwendet. Statt des Selleries werden 200 g in Streifen geschnittener Porree verwendet. Außerdem werden im Öl 100 g Hackfleisch (Schwein oder Rind) mit angebraten und in die Suppe gegeben. Kurz vor dem Servieren 75 g Joghurt unterrühren und mit gehackter Petersilie garnieren.

Erdnuss-Suppe
Sopa de maní (Bolivien)

für 8 Personen

1 ausgenommenes Huhn
1 klein gehackte Zwiebel
500 g geschälte und eingeweichte Erdnüsse
1 TL zerstoßener Kümmel
1/4 TL rotes Paprikapulver
150 g Reis
2 frische Maiskolben
1 kg Kartoffeln oder tiefgefrorene Pommes frites
Pflanzenöl zum Frittieren
1 Bund Petersilie

Das Huhn in Stücke zerteilen und in 5 l Wasser mit 2 TL Salz und der Zwiebel eine gute Stunde kochen. Dann das Fleisch aus der Brühe nehmen.

Währenddessen die Erdnüsse pürieren und etwas Wasser zugeben, so dass eine Paste entsteht. Mit Kümmel, 1/4 TL gemahlenem Pfeffer, Paprika und Reis der Brühe zufügen. Die geviertelten Maiskolben zugeben und alles 30 Minuten kochen.

Die Kartoffeln in Stifte schneiden und frittieren oder Pommes frites nach Anleitung zubereiten.

Die Hühnerteile zurück in die Suppe geben und erwärmen. Die Petersilie fein hacken. Auf jeden Teller Fleisch- und Maiskolbenstücke verteilen, mit Suppe übergießen und mit Petersilie garnieren. Die Kartoffeln getrennt dazu reichen.

Varianten

- Statt des Hühnerfleischs 500 g Suppenfleisch vom Rind verwenden, eventuell mit Markknochen.
- Zusätzlich 500 g frische grüne Bohnen in der Brühe mitgaren.
- Oder, ganz edel, geschmolzenen Käse über die Suppe geben. (Käse braucht sanfte Wärme zum Schmelzen. Ist die Temperatur zu hoch, scheidet das Fett aus und das Eiweiß klumpt zusammen. Basis ist zum Beispiel mit etwas Maisstärke aufgekochter Rahm, in den man geriebenen oder fein gewürfelten Edamer oder auch Schweizer Käse gibt. Die Sauce darf nicht mehr kochen. Ein paar Tropfen Zitronensaft oder etwas Weißwein erleichtern den Schmelzvorgang.)

- Statt der frittierten Kartoffeln in der Brühe insgesamt 750 g geviertelte Kartoffeln und/oder in grobe Stücke geteilte Möhren mitkochen.

Achtung!
Keine gerösteten Erdnüsse verwenden. Alle Erdnuss-Suppen-Rezepte, die geröstete Erdnüsse und/oder Erdnussbutter vorschreiben, mögen durchaus delikat sein, entsprechen aber nicht dem bolivianischen Original.

Suppe aus Samen der Andenlupine
Sopa de tarwi (Bolivien)

Eine typisch andine Suppe, die einem an kalten Tagen so richtig die Knochen wärmt.

für 6 Personen

8 mittelgroße mehlig kochende Kartoffeln
2 Möhren
1/4 eines kleinen Weißkohlkopfs
4 EL Öl
1 fein gehackte Zwiebel
2 fein gehackte Knoblauchzehen
1/2 TL zerstoßener Kümmel
1 TL Cayennepfeffer
200 g geröstete Gerstenkörner (Seite 56)
450 g frische Süßlupinenkerne
2 l Brühe
1 EL fein gehackte Petersilie
1 sehr fein gehackte Frühlingszwiebel

Die Kartoffeln in Stücke, die Möhren in Scheiben, den Kohl in feine Streifen schneiden.

In einem Schnellkochtopf Öl erhitzen und die Zwiebel glasig dünsten. Knoblauch, Kümmel und Cayennepfeffer einrühren. Gerstenkörner, Kartoffeln, Möhren, Weißkohl und Süßlupinenkerne zugeben. Brühe zugießen und die Suppe 20 Minuten garen.

Die Suppe mit Petersilie und Frühlingszwiebel bestreuen, bei schwacher Hitze weitere 5 Minuten ziehen lassen. Sehr heiß servieren.

Suppe aus gefriergetrockneten Kartoffeln mit dreierlei Fleisch
Chairo paceño (Bolivien)

am Vortag beginnen
für 6 Personen

300 g gefriergetrocknete Kartoffeln (Seite 55) oder Kartoffelpüreepulver
125 g Weizenkörner
250 g gepökeltes oder ungepökeltes Hammelfleisch, gepökeltes Schweinefleisch oder Kasseler
250 g Rinderbrust
1 Schweineschwanz
1 weiße Rübe
2 Möhren
1 Zwiebel
5 Zweige frische Minze
2 Lauchzwiebeln (Grün)
50 g frische Erbsen
50 g frische grüne Bohnen ohne Schoten
1 TL rotes Paprikapulver
1 Zweig Petersilie
1 Zweig Selleriekraut
3 Kartoffeln
50 g Bauchspeck
4 TL fein gehackte Petersilie
1 TL sehr fein gehackter frischer Oregano
200 g weißer Käse (Seite 57)
Öl

Die gefriergetrockneten Kartoffeln und die Weizenkörner über Nacht getrennt in Wasser einweichen.

Am nächsten Tag die Weizenkörner gar kochen. Das Pökelfleisch 15 Minuten wässern, das Brustfleisch und den Schweineschwanz gründlich waschen. In einem Schnellkochtopf die Fleischstücke in 2 l Salzwasser 30 Minuten kochen. Aus der Brühe nehmen, in portionsgerechte Stücke teilen und warm stellen.

Rübe, Möhren und Zwiebel reiben, Minze und das Grün der Lauchzwiebeln fein hacken, alles mit Erbsen und Bohnen in etwas Öl andünsten. Zum Schluss Paprika unterrühren. Die Mischung mit den Kräuterzweigen in die Brühe geben und alles 20 Minuten kochen.

Die gefriergetrockneten Kartoffeln schälen und in lauwarmem Wasser so oft waschen und mit den Händen leicht ausdrücken, bis das Wasser klar bleibt. Im Mixer grob zerkleinern und mit den Weizenkörnern in die Suppe geben. Alternativ so viel Kartoffelpüreepulver in die Suppe einrühren, dass sie eine sämige Konsistenz erhält.

Die drei Kartoffeln in feine Stifte schneiden. Den Bauchspeck fein würfeln, etwas anbraten und beides ebenfalls der Suppe beigeben. Aufkochen und bei schwacher Hitze 20 Minuten gar ziehen lassen. Falls nötig, etwas warmes Wasser zugießen.

Die Suppe mit Pfeffer und Salz abschmecken, mit Petersilie und Oregano bestreut servieren. Die Fleischstücke nach Belieben auf einem gesonderten Teller anrichten oder in die Suppe geben. Den in feine Scheiben geschnittenen Käse getrennt dazu reichen.

Varianten

Sollte man kein gepökeltes oder geräuchertes Hammelfleisch bekommen, kann man auf Kasseler oder ungepökeltes Hammelfleisch ausweichen. Letzteres ist die bessere Alternative, um dem Originalgeschmack dieser Suppe, der durch die drei verschiedenen Fleischsorten Rind, Schwein und Schaf bestimmt wird, möglichst nahe zu kommen.

Ostersuppe
Fanesca (Ecuador)

Dieser traditionelle fleischlose Eintopf hat Berühmtheit erlangt und wird heutzutage in der Karwoche in ganz Ecuador serviert. Mit ihren zwölf verschiedenen Getreide- und Gemüsearten andinen Ursprungs und dem Trockenfisch, wie ihn bereits die alten Inkas verzehrten, stellt die Ostersuppe eine perfekte Symbiose zwischen andiner Indiotradition und den heutigen, auf dem christlichen Glauben gegründeten Essensbräuchen dar. Ihre Zubereitung nimmt gut einen halben Tag in Anspruch, aber belohnt wird die Arbeit durch ein wirklich köstliches Geschmackserlebnis.

am Vortag beginnen
für 10-12 Personen

500 g gesalzener Trockenfisch (möglichst weißes Fleisch ohne Gräten)
125 g gelber Gemüsemais oder Tiefkühlmais
125 g frische weiße Maiskörner (Mote) oder Tiefkühlmais oder gelber Gemüsemais
250 g frische grüne Erbsen
125 g frische weiße Bohnen
125 g frische rote Bohnen
250 g frische dicke Bohnen
250 g frische Linsen
250 g Samen der Andenlupine oder der Süßlupine oder frische Sojabohnen
250 g Olluco oder Frühkartoffeln
250 g gelbes Fleisch vom Winterkürbis

Den Fisch über Nacht in reichlich Wasser einweichen – er muss völlig bedeckt sein.

Im Schnellkochtopf nacheinander Mais, Erbsen, Bohnen, Linsen, Lupinensamen und Olluco in Wasser ohne Salz 5 bis 7 Minuten garen, abtropfen lassen. Dabei immer wieder das gleiche Kochwasser verwenden und es am Ende aufbewahren. Um Zeit zu sparen, kann diese Arbeit auch am Vortag erledigt werden.

Am nächsten Tag das Kürbisfleisch in mittelgroße Würfel und den Kohl in sehr feine Streifen schneiden. Kürbis und Kohl im Schnellkochtopf in wenig Wasser ohne Salz 5 Minuten garen, dann das Wasser abgießen.

Den Reis im Schnellkochtopf in der doppelten Menge Wasser ohne Salz 10 Minuten garen.

Für die Sauce Achioteöl und Butter erhitzen, Zwiebel und Knoblauch bei schwacher Hitze 5 Minuten glasig dünsten. 1/4 TL gemahlenen Pfeffer und Kümmel einrühren, unter Rühren 1 Minute kräftig durchbraten. Zur Seite stellen.

Den Fisch aus dem Einweichwasser nehmen und in mittelgroße Stücke schneiden. Das Einweichwasser zurückbehalten. Die Milch mit 1/4 l des Einweichwassers und 1/4 l des Kochwassers der Hülsenfrüchte mischen. Die Erdnüsse mit 1/4 l dieser Flüssigkeit pürieren und unter ständigem Rühren an die Sauce geben, langsam erhitzen. Die restliche Flüssigkeit ebenso einrühren wie die Sahne. Kürbiswürfel, Kohlstreifen und Reis zufügen und bei schwacher Hitze unter ständigem Rühren 20 Minuten erhitzen, bis eine leicht dickflüssige Creme entsteht.

Währenddessen die Zutaten zum Garnieren vorbereiten: Die Kochbananen in feine Scheiben schneiden und frittieren. Die Paprika halbieren, entkernen, waschen und in feine Streifen schneiden. Den Käse in feine Streifen, die Eier in Ringe schneiden.

Alle Hülsenfrüchte der Suppe beifügen und unter Rühren weitere 10 Minuten schwach erhitzen, damit nichts anbrennt. Den Fisch zugeben und weitere 5 Minuten im Eintopf ziehen lassen, zuletzt die Maiskörner beifügen.

Falls beim Abschmecken etwas Salz fehlt, vorsichtig wenig Einweichwasser an den Eintopf geben. Erscheint einem die Konsistenz des Gerichtes zu dickflüssig, aber es fehlt kein Salz, etwas Kochflüssigkeit der Hülsenfrüchte zugießen.

Die Suppe in Teller füllen und mit den Zutaten garnieren.

Eine sehr traditionelle Begleitspeise zu diesem Eintopf, die Encurtidos de cebolla blanca (Seite 149), wird heutzutage nur noch selten gereicht. Wer sich aber die Mühe macht, eine Fanesca zu kochen, sollte die kleine Zusatzmühe nicht scheuen, auch diese Zwiebeln zuzubereiten. Mit ihrem feinen süß-sauren Geschmack sind sie das genussreiche I-Tüpfelchen.

250 g weißes oder gelbes Kürbisfleisch
150 g Weißkohlblätter
100 g Reis
1 1/2 l Milch
100 g geröstete ungesalzene Erdnüsse (Seite 56)
1/8 l süße Sahne

für die Sauce:
2 EL Achioteöl (Seite 55)
2 EL Butter
250 g fein gehackte Zwiebeln
2 fein gehackte Knoblauchzehen
1/4 TL zerstoßener Kümmel

für die Garnierung:
3 reife Kochbananen
2 rote Paprikaschoten
2 grüne Paprikaschoten
weißer oder geriebener Käse (Seite 57)
3 hart gekochte Eier
Petersilienblätter

Kürbissuppe
Sopa de auyama (Ecuador)

für 4-6 Personen

1 kleiner Kürbis (etwa 30 cm Durchmesser)
2 EL Erdnuss- oder Sonnenblumenöl
1/2 TL gemahlener Piment
2 EL Honig aus braunem Zucker (Seite 57) oder Bienenhonig
3/4 l Brühe

Den Backofen auf 180° C vorheizen. Den Kürbis in eine Form setzen und etwa eine Stunde erhitzen, bis er sich mühelos mit einem Messer einstechen lässt. Abkühlen lassen.

Einen Deckel abschneiden, Kerne und Fasern mit einem Löffel herauslösen. Die Kürbiskerne mit Öl und Salz nach Geschmack vermischen. Auf einem Backblech verteilen und im Ofen bei 180° C etwa 20 Minuten rösten, bis sie knusprig und schön gebräunt sind.

Das Kürbisfleisch aus der Schale lösen und im Mixer pürieren. In einen großen Topf geben, mit Pfeffer, Salz und Piment würzen. Den Honig darüberträufeln. Langsam die warme Brühe einrühren, bis die gewünschte Konsistenz erreicht ist. Die Suppe aufkochen und bei mittlerer Hitze etwa 5 Minuten ziehen lassen.

Mit den Kürbiskernen garnieren.

Diese Suppe wird traditionell in einer Kürbisschale serviert.

Fleisch
Carnes

Trockenes Fleisch vom Ziegenlamm
Seco de chivo (Ecuador)

Dieses alte ecuadorianische Rezept gewann 1984 einen Gourmet-Preis und ist eines der wenigen, das über die Landesgrenzen hinaus einige Popularität erlangt hat.

2-3 Stunden Kochzeit
für 6 Personen

2 grüne Paprikaschoten
2 EL Öl
1/2 TL Achiotepulver
1 1/4 kg große Stücke Rückenfleisch vom Ziegenlamm
1 fein gehackte Gemüsezwiebel
3 fein gehackte Knoblauchzehen
1/2 TL zerstoßener Kümmel
750 g Tomaten
1 mittelscharfe rote Pfefferschote der Sorte Rocoto
1/2 l Chicha oder helles Bier
1 1/2 TL fein gehackter frischer Oregano
30 g geriebene Panela oder brauner Zucker
1 Zweig Sellerickraut
2 Gewürznelken
2 weiße Pfefferkörner
2 Zweige frischer Koriander

Die Paprika halbieren, entkernen, waschen und fein würfeln.

In einem großen Topf Öl erhitzen, das Achiotepulver einrühren und die Fleischstücke goldbraun anbraten. Zwiebel, Knoblauch, Paprika, 1/2 TL Pfeffer und Kümmel zufügen, alles bei schwacher Hitze weiterdünsten, bis die Zwiebel glasig wird.

Die Tomaten kurz in kochendes Wasser tauchen und häuten. Mit Pfefferschote und Chicha pürieren, mit Oregano, Panela, Selleriekraut, Nelken, weißem Pfeffer und etwas Salz über das Fleisch geben. So viel Wasser zugießen, dass das Fleisch vom Sud bedeckt ist, und anderthalb bis zwei Stunden kochen, bis das Fleisch weich ist und der Sud eindickt. Falls nötig, weiteres Wasser zugießen.

Die Korianderzweige zugeben und alles weitere 5 Minuten kochen. Nelken, Pfefferkörner, Selleriekraut und Koriander aus dem Sud nehmen, abschmecken.

Varianten
- Verwendet man Bier statt Chicha, eventuell etwas mehr braunen Zucker hinzufügen.
- Bier und Chicha können auch durch den Saft von sechs Orangen ersetzt werden.

Ziegenbock nach Art von Barichara
Cabro Barichara (Kolumbien)

am Vortag beginnen,
3 Stunden marinieren
für 10-12 Personen

8-10 kg Fleisch vom Ziegenbock
1 EL gemahlene Koriandersamen
1/4 l Weinessig
Kümmel
4 fein gehackte Knoblauchzehen
1 Bund Petersilie
1 Bund frischer Koriander
4 fein gehackte Lauchzwiebeln
4 EL Schweineschmalz oder Öl
2 EL Achiotepulver
1 Porreestange
200 g Paniermehl

Das Fleisch in große Stücke zerteilen, mit Pfeffer, Salz und Koriandersamen würzen, mit Wasser bedecken und drei Stunden ruhen lassen. Anschließend aus der Würzflüssigkeit nehmen und von allen Seiten mit einer Messerspitze mehrmals einritzen, damit die Marinade gut eindringen kann: Essig mit Pfeffer, Salz, Kümmel und Knoblauch mischen, das Fleisch damit von allen Seiten einreiben und mit einem feuchten Tuch bedeckt über Nacht ruhen lassen.

Am nächsten Tag Petersilie und Koriander fein hacken. Das Fleisch in einen Topf geben, mit Wasser bedecken, Petersilie, Koriander und Lauchzwiebeln hinzufügen, aufkochen und eine Stunde bei schwacher Hitze garen. Das weiche Fleisch aus der Brühe nehmen und abtropfen lassen.

In einem Topf Schmalz zerlassen und das Achiotepulver einrühren. Die Porreestange am blättrigen Ende in Form eines Pinsels einschneiden und damit das Achioteöl auf die Fleischstücke streichen. In Paniermehl wenden und unter dem Backofengrill oder auf einem Elektrogrill von allen Seiten gut bräunen.

Das Fleisch hält sich im Kühlschrank bis zu drei Tage.

Variante

Man kann das Ziegenfleisch auch im Backofen bei 200° C 30 Minuten braten, aber vom Grill schmeckt es zweifelsohne »rustikaler«.

Dazu schmecken frittierte Yucca (Seite 151), Papas chorreadas (Seite 153) und Sauce aus Pfefferschoten besonders gut.

Geschmortes Zicklein nach Andenart

Chivo andino guisado (Venezuela)

12 Stunden marinieren
für 6 Personen

3 kg Fleisch vom Ziegenlamm
Kümmel
1 Porreestange
1 Knoblauchknolle
reichlich Weinessig
Kartoffeln
2 EL Öl
1/2 TL Achiotepulver
1 fein gehackte große Zwiebel
2 fein gehackte Knoblauchzehen
1/2 TL gemahlener Zimt
6 Gewürznelken
6 schwarze Pfefferkörner
3/4 l Chicha oder helles Bier

Das Fleisch in kleine Stücke schneiden und mit Pfeffer, Salz und Kümmel gut würzen. Den Porree in Ringe schneiden. Die Fleischstücke in eine Form geben, zerdrückte Knoblauchzehen und Porreeringe unterheben und mit Essig übergießen, bis das Fleisch bedeckt ist. Zwölf Stunden in der Marinade belassen.

Das Fleisch aus der Marinade nehmen und in Wasser etwa eine Stunde weich kochen. Währenddessen Kartoffeln schälen, würfeln und in Salzwasser garen.

In einem Topf Öl erhitzen, das Achiotepulver einrühren, Zwiebel und fein gehackten Knoblauch andünsten. Zimt, Nelken und Pfefferkörner zugeben, mit Chicha aufgießen und die Fleischstücke einlegen. Bei schwacher Hitze bis zur gewünschten Konsistenz einkochen und die Kartoffeln vorsichtig unterheben. Bei schwacher Hitze 5 Minuten ziehen lassen.

Bei diesem Gericht bleibt das Fleisch durch die besondere Art der Marinierung sehr zart und saftig.

Mit Reis oder traditionell mit gekochtem Quinua (Seite 59) servieren.

Gebackene Ziegenrippchen

Cabrito al horno (Kolumbien)

2-3 Stunden Kochzeit

1 kg einzelne Ziegenrippchen
1 TL Natron
1 TL Kümmel
3 Knoblauchzehen
Öl
2 EL Paniermehl

Das Fleisch mit Natron, etwas Salz, Kümmel, 1 TL Pfeffer und dem zerdrückten Knoblauch von allen Seiten gut einreiben und eine Stunde ruhen lassen.

In einem Schnellkochtopf in wenig Wasser 30 Minuten kochen, herausnehmen und 15 Minuten ruhen lassen.

Die Rippchen mit etwas Öl bestreichen, mit Paniermehl bestreuen, in eine eingefettete feuerfeste Form legen und im Backofen bei 180° C 30 Minuten braten.

Traditionell wird als Beilage frittierte Yucca (Seite 151) gereicht.

Lammnieren

Riñoncitos de cordero (Argentinien)

12 Lammnieren ohne Fett
1 Orange (Saft)
1 Zitrone (Saft)
2 EL Öl
2 fein gehackte Lauchzwiebeln
50 g gehackte Nüsse
1 EL fein gehackte Petersilie

Die Nieren vorsichtig waschen, dabei die äußere Haut abziehen, mit Küchenpapier trockentupfen und mit einem scharfen Messer längs halbieren.

In einer Schüssel mit Pfeffer und Salz würzen, mit Orangen- und Zitronensaft übergießen, eine Stunde ziehen lassen.

In einer Pfanne Öl erhitzen und die Lauchzwiebeln anbraten. Die Nieren zugeben und bei starker Hitze 5 bis 10 Minuten kochen, bis sie die überschüssige Flüssigkeit abgeben.

Die Nüsse unterrühren und mit Petersilie bestreuen.

Schmeckt hervorragend zu Reis oder auf Toastbrot.

Lammkeule mit Quinua
Pernil de cordero con quinua (Argentinien)

Die Lammkeule mit Zwirn zusammenbinden, damit sie nicht die Form verliert, mit Pfeffer und Salz würzen. Steckrübe und Möhre grob würfeln.

In einem Bratentopf 2 EL Öl und Butter erhitzen, die Lammkeule unter mehrmaligem Wenden von allen Seiten goldbraun braten. Zwiebel, Knoblauch, Steckrübe, Möhre und gut 1/2 l Brühe zufügen, die Keule bei geschlossenem Topf etwa anderthalb Stunden garen.

In einem Topf 2 EL Öl erhitzen und die Quinua-Körner bei starker Hitze unter gelegentlichem Umrühren 5 Minuten braten.

Die restliche erhitzte Brühe, die Quinua-Körner und die Kräuter zum Fleisch geben, mit Pfeffer und Salz abschmecken. Alles weitere 20 bis 25 Minuten ziehen lassen, bis das Quinua körnig und gar ist.

Das Fleisch in dicke Scheiben schneiden und auf dem Quinua anrichten.

2 Stunden Kochzeit

1 Lammkeule (1 1/2 kg ohne Knochen)
1 Steckrübe
1 Möhre
4 EL Öl
1 EL Butter
1 fein gehackte große Zwiebel
1 fein gehackte Knoblauchzehe
1 l Brühe
200 g Quinua-Körner
1 EL fein gehackte frische Minze
1 TL fein gehackter frischer Salbei

Lammrippen auf patagonische Art
Corderito patagónico con cebolla (Argentinien)

Dieses Gericht ist heutzutage eines der bekanntesten des andinen Patagonien und dort in jedem guten Restaurant erhältlich.

4 El ÖL
8 einzelne Lammrippen
1 scharfe Pfefferschote der Sorte Colorado
1 fein gehackte Zwiebel
2 fein gehackte Knoblauchzehen
75 g Schinken
6 EL geriebener Käse
2 Eigelb
1/8 l süße Sahne
1 EL fein gehackte Petersilie
2 Zwiebeln
50 g Butter

Öl erhitzen und die Rippen von beiden Seiten goldbraun anbraten. Die Pfefferschote halbieren, entkernen, waschen und fein hacken.

Öl erhitzen, die fein gehackte Zwiebel und Knoblauch glasig dünsten. Die Pfefferschote zufügen, weitere 3 Minuten dünsten. Den Schinken fein hacken und mit Käse, Eigelb, Sahne, Petersilie, Pfeffer und Salz unterziehen. Bei schwacher Hitze unter ständigem Rühren 3 Minuten köcheln.

Die beiden Zwiebeln in feine Ringe schneiden. Die Rippen in eine gut eingefettete feuerfeste Form geben und auf jede Rippe etwas Paste verteilen. Die Zwiebelringe darauf verteilen und mit zerlassener Butter übergießen. Im Ofen bei 200° C 20 Minuten überbacken.

Lammkoteletts in Dill
Costillar de cordero al eneldo (Argentinien)

1 1/2 kg Lammkotelett im Stück
1 Bund Dill
1 Lorbeerblatt

für die Sauce:
100 g Butter
4 EL Weizenmehl
3 EL Zitronensaft
2 TL Zucker
1 Eigelb
2 EL saure Sahne
2 EL fein gehackter frischer Dill

Das Fleisch gut mit Pfeffer und Salz einreiben. Den Dill fein hacken. Das Fleisch mit Dill und Lorbeerblatt in einem großen Topf mit Wasser bedeckt eine Stunde kochen, bis es gar und zart ist. Zu Beginn des Kochvorgangs zwei- oder dreimal den sich bildenden Schaum abschöpfen. Das gare Fleisch warm stellen, die Brühe durchsieben und 1/2 l davon zurückbehalten.

Für die Sauce in einer Pfanne Butter zerlassen, das Mehl einrühren und unter Rühren erhitzen, bis eine glatte Sauce entsteht. Brühe zugießen, unter ständigem Rühren weitere 2 Minuten kochen, die restlichen Zutaten einrühren.

Das Lammfleisch portionsweise aufschneiden und mit einem Teil der Sauce servieren, die restliche Sauce getrennt dazu reichen.

Dazu schmecken Bohnen oder Kürbis, Reis, Kartoffeln oder Salat.

Pikanter Blättermagen über Kartoffeln

Ranga ranga (Bolivien)

Es ist ungewöhnlich, Blättermagen als Gericht zuzubereiten, aber Ranga ranga schmeckt überaus delikat. Die alten Indios verwendeten statt des Blättermagens vom Rind die geschmacklich identischen von Schaf oder Lama. Ein gutes Beispiel dafür, dass in diesen alten Kulturen keine Nahrungsmittel vergeudet, sondern alles verwertet wurde – dazu noch auf schmackhafte Art.

1 großer Blättermagen (1 kg)
1 TL Natron
6 mittelscharfe gelbe Pfefferschoten der Sorte Mirasol
1 TL Pfefferkörner
1 TL Kümmel
4 Knoblauchzehen
8 Kartoffeln
1 Tomate
1 Zwiebel
1 EL sehr fein gehackte Petersilie
Öl

Den Blättermagen gründlich unter fließendem, lauwarmem Wasser waschen. Überschüssiges Fett entfernen und von innen sorgfältig Falte für Falte alle Rückstände und Rauheiten entfernen. Natron in 1 l handwarmem Wasser auflösen, den Blättermagen nochmals gut 3 Minuten darin auswaschen und unter fließendem Wasser abspülen.

Das Fleisch in einem Schnellkochtopf mit 1 1/2 l kochendem Wasser ohne Salz 30 bis höchstens 35 Minuten kochen – diese Zeit nicht überschreiten, da es sonst hart wird. Herausnehmen und in sehr feine Streifen schneiden, die Brühe aufbewahren.

Zwei Pfefferschoten halbieren, entkernen, waschen und fein hacken, in etwas Öl andünsten. Mit den restlichen vier Schoten, Pfefferkörnern, Kümmel und Knoblauch im Mixer fein pürieren.

In einem Topf Öl erhitzen und das Püree 3 Minuten leicht andünsten. Die Blättermagenstreifen zugeben und mit gut 3/4 l der heißen Brühe auffüllen. Mit Salz abschmecken und bei schwacher Hitze bis zu 10 Minuten ziehen lassen.

In einem zweiten Topf die Kartoffeln mit Schale in Salzwasser garen. Währenddessen die Tomate kurz in kochendes Wasser tauchen, häuten und klein schneiden. Die Zwiebel in feine Ringe schneiden, beides mischen und mit Salz und etwas Öl abschmecken.

Die Kartoffeln pellen. Pro Person auf einen Teller zwei Pellkartoffeln geben und eine Portion Ranga ranga darüber verteilen. Nach Wunsch von der warmen Brühe zugeben, alles mit der Tomaten-Zwiebel-Mischung dekorieren und mit der gehackten Petersilie bestreuen.

Schweinerippen mit grünen Bohnen
Fríjoles verdes con costilla (Chile)

2 Stunden Kochzeit

500 g in kleine Stücke gehackte Schweinerippen
1/8 l trockener Weißwein
1 TL gemahlener trockener Rosmarin
1 TL gemahlener Thymian
2 Lorbeerblätter
500 g grüne Bohnen
2 Tomaten
3 EL Öl
2 fein gehackte Lauchzwiebeln
2 Knoblauchzehen

Das Rippenstücke mit Wein, Rosmarin, Thymian, Lorbeerblättern, Pfeffer und Salz mischen, etwa eine Stunde ruhen lassen.

Die Bohnen in 1 1/2 l Wasser etwa 45 Minuten weich kochen. Die Tomaten kurz in kochendes Wasser tauchen, häuten und klein schneiden.

Öl erhitzen und die Rippenstücke braun anbraten. Lauchzwiebeln, zerdrückten Knoblauch, Tomaten und etwa 1/4 l Bohnenbrühe zufügen. Bei schwacher Hitze 15 Minuten ziehen lassen. Dann die noch heißen Bohnen zugeben und gut verrühren.

Sehr heiß servieren.

Dazu schmecken Reis oder Arepas (Seite 143).

Spanferkel im Backofen

Lechón al horno (Bolivien)

4 Stunden marinieren,
2-3 Stunden Kochzeit
für 8 Personen

1 Spanferkel (etwa 5 kg)
3 l Milch
1 EL Natron
10 große Knoblauchzehen
1/8 l Zitronensaft
2 EL Senf
2 TL zerstoßener Kümmel
8 Kartoffeln
400 g Süßkartoffeln oder Steckrüben
8 Möhren
4 reife Kochbananen
2 Köpfe Blattsalat
2 Tomaten
1 große Zwiebel

Vor dem Gang zum Schlachter den Backofen ausmessen und ein entsprechend großes Ferkel wählen – die Ofentür sollte sich schließen lassen. Auch daran denken, dass man einen entsprechenden Bratentopf benötigt. Vom Schlachter das Spanferkel küchenfertig vorbereiten und in Stücke teilen (Beine, Rippen, Rücken) lassen. Das Fleisch gründlich waschen.

In einem tiefen Gefäß Milch, Natron, zerdrückten Knoblauch und 2 EL Salz mischen. Die Fleischteile vier Stunden so in der Milchbeize einlegen, dass sie vollständig bedeckt sind. Von Zeit zu Zeit die unteren Stücke nach oben legen, damit das Fleisch gleichmäßig gewürzt wird.

Das Fleisch aus der Milchbeize nehmen. Zitronensaft, Senf, Kümmel und 1 EL gemahlenen Pfeffer gründlich miteinander verrühren. Die Stücke damit von allen Seiten einreiben, eventuell nachsalzen. Das Fleisch in einen Bratentopf geben und im Backofen bei etwa 200° C zwei Stunden braten. Ab und zu mit dem eigenen Sud übergießen – im Bratentopf muss immer etwas Bratensaft stehen. Falls nötig, etwas Wasser zugießen. Durch Einstechen prüfen, ob das Fleisch gar ist: Es darf kein Blut mehr austreten.

Währenddessen die Kartoffeln schälen. Kartoffeln, Süßkartoffeln und Möhren jeweils getrennt in Salzwasser garen. Die Kochbananen in Streifen schneiden und frittieren.

Das Fleisch aus dem Backofen nehmen, nach Wunsch in Stücke teilen und nochmals braten, bis es sich goldbraun färbt und knusprig wird.

Die Salatblätter lösen, waschen und klein hacken. Die Tomaten kurz in kochendes Wasser tauchen, häuten und klein schneiden. Die Zwiebel in feine Ringe schneiden. Tomatenstücke und Zwiebelringe mit etwas Salz und Öl unterheben.

Das Fleisch mit dem Bratenfond begießen und servieren. Als Beilage pro Person entsprechende Stücke Salz-, Süßkartoffeln, Möhren und Kochbananen sowie eine Portion Salat reichen.

Schmorfleisch aus gesalzenem Trockenfleisch
Charquicán (Chile)

Dieses Schmorgericht geht wahrscheinlich auf die chilenischen Mapuche-Indianer zurück, die genau wie die Inkas Fleisch und auch Gemüse trockneten und lagerten. Leider gibt es dafür keine Bestätigung, denn lange Zeit wurden in Chile die indianischen Traditionen geleugnet, weshalb viele Überlieferungen in Vergessenheit gerieten.

500 g getrocknetes eingesalzenes Fleisch oder Schinken aus Serrano oder ein anderer trockener Schinken
500 g Fleisch vom Sommerkürbis
4 große Kartoffeln
1/8 l Öl
1 gehackte große Zwiebel
2 Knoblauchzehen
1 EL fein gehackter frischer Oregano
1/2 TL zerstoßener Kümmel
1 große Zwiebel
Cayennepfeffer
4 scharfe grüne Pfefferschoten der Sorte Colorado

Das Fleisch in kleine Würfel schneiden und im Fleischwolf grob mahlen. Das Kürbisfleisch würfeln, die Kartoffeln schälen und würfeln.

Öl erhitzen und das Fleisch 10 Minuten anbraten. Kartoffeln, Kürbiswürfel, gehackte Zwiebel, zerdrückten Knoblauch, die übrigen Gewürze sowie Pfeffer und Salz hinzufügen. Unter gelegentlichem Rühren weitere 10 Minuten braten. Mit Wasser bedecken und 30 Minuten kochen, bis die Kartoffeln gar sind.

Kartoffeln und Kürbiswürfel herausnehmen, mit einer Gabel teilweise zerdrücken und zurück in den Schmortopf geben, gut umrühren.

Die große Zwiebel in feine Ringe schneiden. Den Schmortopf sehr heiß servieren, mit Cayennepfeffer bestreuen, mit Zwiebelringen und fächerförmig aufgeschnittenen Pfefferschoten garnieren.

»Gebügelter« Schinken
Jamón planchado (Venezuela)

Diese Tradition der Schinkenzubereitung haben die Venezolaner von den spanischen Konquistadoren gelernt. Heutzutage ist die andine Region Venezuelas berühmt für ihre hohe Kunst, besonders schmackhafte Schinken und Wurstwaren herzustellen. Jamón planchado prangt zu Weihnachten und Neujahr auf der festlich geschmückten Tafel, leicht geräuchert, süßlich und auch »etwas beschwipst«.

4-5 Stunden Kochzeit

5 kg Schinken aus der Schweinekeule
1 1/2 l Rotwein
1/4 l trockener Weißwein
1/2 Ananas
2 Orangen (Saft)
10 weiße Pfefferkörner
4 Gewürznelken
2 Lorbeerblätter
1 Zimtstange
750 g geriebene Panela oder brauner Zucker
250 g feiner brauner Zucker
2 TL gemahlener Zimt
Ananas- oder Orangenscheiben
rote und grüne Belegkirschen

Den Schinken gründlich waschen, in einen großen Topf legen und mit 1 l Rotwein und dem Weißwein übergießen. Die Ananas in grobe Stücke schneiden, mit Orangensaft, allen Gewürzen und Panela zugeben. Der Schinken muss vollständig bedeckt sein, falls nötig, etwas Wasser zugießen. Alles erhitzen und bei geschlossenem Topf gut zwei Stunden kochen.

Den Topf vom Herd nehmen und den Schinken im Sud abkühlen lassen. Herausnehmen, von überschüssigem Fett befreien und mit dem Rest des Rotweins übergießen. Eine Stunde im Wein liegen lassen, dabei mehrmals wenden. Dann herausnehmen, den Wein aufbewahren.

Braunen Zucker und Zimt vermischen, den Schinken damit dick bestreuen. Auf einen Bratenrost über eine Fettpfanne legen, nochmals gut mit dem restlichen Wein beträufeln und im Ofen bei 180° C 40 Minuten überbacken.

Vor dem Servieren mit Ananas- oder Orangenscheiben und Belegkirschen garnieren.

Variante

Bei der ursprünglichen Zubereitungsmethode gibt man den Schinken nicht in den Backofen, sondern belegt ihn nach dem Überstreuen rundum mit Streifen kräftig eingefetteten

Pergamentpapiers – mit der eingefetteten Seite zum Fleisch. Ein Bügeleisen wird auf höchste Stufe erhitzt und man »bügelt« damit vorsichtig über die äußere Seite des Pergamentpapiers, bis der ganze Schinken nach etwa 30 Minuten eine schöne dunkelbraune Farbe erhalten hat. Anschließend lässt man braunen Zucker in einem Topf karamellisieren und gießt ihn heiß über das Fleisch. Garniert wird er wie oben beschrieben.

Leber- und Kochbananenpüree

Hígado y patacones molidos (Kolumbien)

für 6 Personen

1 kg Leber (Schwein oder Rind)
2 Zitronen (Saft)
2 grüne Kochbananen
Öl zum Frittieren
2 fein gehackte Zwiebeln

Die Leber gründlich waschen, von Haut und Adern befreien, in feine Streifen schneiden und mit Zitronensaft abreiben. Die Kochbananen in dünne Scheiben schneiden.

In einer gusseisernen Pfanne Öl erhitzen und die Leber scharf anbraten. Mit Zwiebeln in der Küchenmaschine oder im Fleischwolf fein mahlen. Das Püree mit Salz abschmecken und warm halten.

Die Kochbananenscheiben in reichlich Öl frittieren, bis sie sich bräunen und geröstet sind. Aus dem Fett nehmen, abtropfen lassen und ebenfalls pürieren, eventuell unter Zugabe von wenig Öl.

Beide Pürees heiß servieren.

Dazu schmeckt weißer Reis.

Mariniertes Schweinefleisch à la Huila

Asado huliense (Kolumbien)

Die Zubereitung dieses traditionell zu den Feierlichkeiten von San Pedro y San Pablo am 29. Juni in Huila aufgetischten Gerichts ist in der gesamten Region identisch. Dagegen variiert die Verwendung der Kräuter je nach Vorliebe des Kochs.

am Vortag beginnen, 4 Stunden Kochzeit

2 kg reines Schweinefleisch mit möglichst wenig Fett
3/4 l Chicha oder helles Bier
1/8 l Weinessig
1 EL Orangensaft
2 fein gehackte Lauchzwiebeln
4 zerdrückte Knoblauchzehen
2 TL geröstete Sesamkörner (Seite 56)
1/2 TL fein gehacktes frisches oder getrocknetes Basilikum
1/2 TL fein gehackter frischer oder getrockneter Koriander
1/2 TL fein gehackte frische oder getrocknete Minze
1/2 TL fein gehackter frischer oder getrockneter Oregano
1/2 TL fein gehackter frischer oder getrockneter Thymian
2 fein gemahlene Lorbeerblätter
1/2 TL geriebene Muskatnuss
Kümmel

Das Fleisch in etwa 15 mal 10 cm große und 4 cm dicke Scheiben schneiden, mit einem spitzen Messer mehrfach von beiden Seiten einstechen.

Chicha, Essig und Orangensaft mit den übrigen Zutaten vermischen. Das Fleisch mindestens 24 Stunden darin einlegen und darauf achten, dass es von der Flüssigkeit gut bedeckt ist. Alle sechs Stunden wenden und leicht durchkneten, damit die Marinade auch in die Einstichlöcher dringen kann.

Am nächsten Tag das Fleisch in eine flache Bratform aus Ton, eventuell die Hälfte eines Römertopfes, legen und im Backofen bei nur 120° C vier Stunden braten, dabei gelegentlich wenden.

Serviert wird das Fleisch mit Arepas (Seite 143), gekochter Yucca, Tajadas oder Ähnlichem.

Wild
Caza de pelo

Hirschkeule

Cuarto de ciervo al horno (Argentinien)

am Vortag beginnen
für 8 Personen

1 Hirschkeule (etwa 3 kg)
1 Möhre
1 Bund Petersilie
2 Zweige Selleriekraut
1 fein gehackte Zwiebel
3 Knoblauchzehen
5 schwarze Pfefferkörner
1 Gewürznelke
2 TL fein gehackter frischer Thymian
1 l trockener Weißwein
1/2 l Weinessig
100 ml Olivenöl
Paprikapulver
1/4 l süße Sahne

Den Knochen aus der Keule lösen und das Fleisch in große Stücke schneiden. Die Möhre sehr fein würfeln, Petersilie und Selleriekraut fein hacken.

Möhre, Zwiebel, Selleriekraut, zerdrückten Knoblauch, Petersilie, Pfefferkörner, Nelke, Thymian und Salz mit dem Wein verrühren. Essig sowie Öl zugießen und die Fleischstücke 24 Stunden in dieser Marinade ziehen lassen.

Am nächsten Tag das Fleisch aus der Marinade nehmen und in eine gut eingefettete feuerfeste Form geben. Im Backofen bei 200° C etwa eine Stunde braten, bis das Fleisch sich bräunt. Dabei ab und zu mit dem sich bildenden Bratensaft oder, wenn das Fleisch zu trocken wird, mit etwas heißem Wasser übergießen.

Das Fleisch mit Pfeffer, Salz und Paprika nachwürzen. Im Backofen weitere 5 Minuten durchziehen lassen, zuletzt die Sahne unterheben.

Pökelfleisch vom Wild
Pisillo (Venezuela)

Dieses Rezept geht zurück auf die andine Tradition, Fleisch von erlegten Tieren zur Haltbarmachung einzusalzen.

6 Stunden wässern
für 4-6 Personen

1 kg gepökeltes Wildfleisch (Hirsch, Reh, Wildschwein) oder Kasseler
125 g Zwiebeln
500 g Tomaten
1/2 grüne Paprikaschote
1/2 mittelscharfe rote Pfefferschote der Sorte Rocoto
6 fein gehackte Knoblauchzehen
Schweineschmalz
125 g fein gehackte Zwiebeln

Das Fleisch sechs Stunden in Wasser legen, um es zu entsalzen.

Die Zwiebeln in Ringe schneiden. Fleisch und Zwiebelringe in frischem Wasser etwa eine Stunde weich kochen. Herausnehmen und abkühlen lassen.

Die Tomaten fein hacken, Paprika und Pfefferschote entkernen, waschen und fein würfeln. Mit Tomaten und Knoblauch im Mixer pürieren, mit Pfeffer und Salz abschmecken und 5 Minuten kochen. Das Fleisch möglichst klein fasern.

In einem Topf Schmalz zerlassen, Fleisch und fein gehackte Zwiebeln scharf anbraten. Das Gemüsepüree hinzufügen und alles bei geschlossenem Topf etwas einkochen.

Mit Salat, Reis oder traditionell gekochtem Quinua (Seite 59) servieren.

Mariniertes und gebratenes Kaninchen
Fritada de conejo (Ecuador)

2 Tage vorher beginnen
für 6 Personen

2 kg Kaninchenfleisch
1 Knoblauchknolle
1/2 TL Kümmel
1 l Chicha oder helles Bier
125 g Schweineschmalz
1/2 TL Achiotepulver

Das Fleisch in mittelgroße Stücke schneiden und mit einem spitzen Messer einstechen. Mit zerdrückten Knoblauchzehen, 1 EL Salz und Kümmel einreiben. Mit Chicha übergießen und zwei Tage im Kühlschrank durchziehen lassen, dabei gelegentlich wenden.

Am übernächsten Tag das Fleisch in der Marinade kochen, bis es weich und die Flüssigkeit vollständig eingekocht ist.

Schmalz zerlassen, das Achiotepulver einrühren und die Fleischstücke etwa 30 Minuten anbraten, bis sie trocken, goldbraun und knusprig sind.

Der Vorteil dieses Gerichtes liegt darin, dass auch das Fleisch von etwas älteren Tieren durch das lange Marinieren weich und zart wird. Hühnerfleisch kann auf gleiche Weise zubereitet werden. Die braunen, zu sehr gerösteten Reste und den Bratensatz in der Pfanne – in Ecuador Mapahuira genannt – werden für die so genannte Mote con picadillo weiterverwendet, einem Brei aus geschälten und gekochten Maiskörnern, der traditionell zu diesem Fleisch gehört.

Kaninchen mit Erdnüssen

Conejo con maní (Peru)

12 Stunden marinieren
für 6 Personen

2 ausgenommene Kaninchen
1/4 l Weinessig
1 TL zerstoßener Kümmel
2 Lorbeerblätter
3 EL Olivenöl
5 EL Butter
3 fein gehackte Zwiebeln
1/2-1 TL Cayennepfeffer
gut 1/4 l Brühe oder heißes Wasser
500 g geröstete und gemahlene ungesalzene Erdnüsse (Seite 56)

Die Kaninchen in portionsgerechte Stücke zerteilen, waschen und mit Küchenpapier trockentupfen. Aus Essig, Salz, 1/2 TL gemahlenem Pfeffer, Kümmel und Lorbeerblättern eine Beize zubereiten und die Fleischstücke zwölf Stunden darin einlegen, dabei gelegentlich wenden. Anschließend herausnehmen und mit Küchenpapier trockentupfen.

In einer Pfanne Öl und Butter erhitzen, die Zwiebeln glasig dünsten. Cayennepfeffer einrühren, die Kaninchenteile zugeben und braun braten. Brühe zugießen, Erdnüsse unterrühren und alles bei schwacher Hitze weitere 30 Minuten garen.

Sehr heiß servieren.

Dazu schmeckt weißer körniger Reis.

Geschmortes Meerschweinchen mit Pilzen

Cazuela de cuy y hongos (Argentinien)

2-3 Stunden Kochzeit

150 g getrocknete Waldpilze
4 große Meerschweinchen oder 2 ausgenommene Kaninchen
8 EL Öl
1 EL gemahlener Thymian
2 Scheiben Räucherbauch (etwa 60 g)
4 grob gehackte Zwiebeln
2 Lorbeerblätter
1/8 l Brühe
1 EL Maisstärke
1 Glas Weißwein

Die Pilze in heißem Wasser etwa 30 Minuten einweichen.

Die Kaninchen in portionsgerechte Stücke zerteilen, waschen und mit Küchenpapier trockentupfen. 3 EL Öl mit Salz und Thymian mischen, die Fleischstücke damit einreiben und eine Stunde ruhen lassen.

Den Räucherbauch in feine Streifen schneiden. Das restliche Öl erhitzen, Räucherbauch und Zwiebeln goldbraun braten. Mit einer Schaumkelle herausnehmen und zur Seite stellen. In demselben Fett die Kaninchenstücke unter Wenden von allen Seiten goldbraun braten. Herausnehmen und zur Seite stellen. In demselben Fett die gut abgetropften Pilze anbraten, bis sie das überschüssige Wasser abgegeben haben.

Kaninchenfleisch, Räucherbauch und Zwiebeln wieder zufügen, Lorbeerblätter beigeben und mit Brühe aufgießen. Pfeffern, salzen und bei schwacher Hitze 30 Minuten gar ziehen lassen – falls nötig, weiteres Wasser oder Brühe zugießen.

Die Stärke in Wein anrühren und in das Schmorgericht einrühren. Weitere 5 Minuten ziehen lassen.

Mit körnig gekochtem Quinua (Seite 59) und Salzkartoffeln servieren.

Pikante Meerschweinchen nach Art von Huancayo
Picante de cuy a la Huancayo (Peru)

4 Stunden vorher beginnen

*2 Meerschweinchen oder
1 Wildkaninchen
Öl
1 kg Kartoffeln
2 klein gehackte Zwiebeln
3 zerdrückte Knoblauchzehen
3 EL Pfefferschotenpüree
(Seite 174)
2 EL Cayennepfeffer
150 g gemahlene Erdnüsse*

Das Kaninchen häuten, ausnehmen und unter lauwarmem Wasser gründlich abspülen. Vier Stunden in die Sonne legen, dann in vier große Teile tranchieren; ein Meerschweinchen wird halbiert.

Reichlich Öl erhitzen und die leicht gesalzenen Fleischstücke gar braten. Währenddessen die Kartoffeln schälen, halbieren und in Salzwasser kochen.

Das Fleisch herausnehmen und warm halten. In demselben Öl Zwiebeln und zerdrückten Knoblauch schmoren, mit Pfeffer und Salz abschmecken. Pfefferschotenpüree, Cayennepfeffer und Erdnüsse gut in den Bratenfond einrühren. Das Fleisch zurück in den Sud geben und weitere 15 Minuten ziehen lassen.

Mit den Salzkartoffeln servieren.

Gebratenes Meerschweinchen
Cuy frito (Ecuador)

3 Stunden marinieren

*2 Meerschweinchen oder
1 ausgenommenes
Kaninchen
2 EL Öl
1/2 TL Achiotepulver
2 EL zerlassene Butter
1/2 TL zerstoßener Kümmel
3 Knoblauchzehen*

Das Kaninchenfleisch in portionsgerechte Stücke zerteilen, waschen und mit Küchenpapier trockentupfen.

Öl erwärmen, das Achiotepulver einrühren, die Butter zufügen. Kümmel, Salz und zerdrückten Knoblauch untermischen, die Fleischstücke damit einreiben. Drei Stunden ruhen lassen.

In einer gusseisernen Pfanne die Fleischstücke von allen Seiten goldbraun braten, dabei öfters wenden.

Mit gebratenen Kartoffeln, Pfefferschotensauce und gekochtem Mais servieren.

Geflügel
Aves

Rebhühner mit Maiscreme

Perdices con crema de choclos
(Argentinien)

4 ausgenommene Rebhühner
1 El Maisstärke
1/4 l Hühnerbrühe
2 EL Butter
1 fein gehackte Zwiebel
150 g Tiefkühlmais
1/8 l Milch
geriebene Muskatnuss
Öl

Die Rebhühner gründlich waschen, mit Küchenpapier trockentupfen und salzen. In eine feuerfeste Form setzen, gut mit Öl beträufeln und im Ofen bei 180° C 30 Minuten braten.

Die Stärke in der Brühe lösen, über die Rebhühner gießen und diese im Backofen weitere 30 Minuten garen.

Butter zerlassen und die Zwiebel glasig dünsten. Die aufgetauten Maiskörner mit dem Pürierstab oder im Mixer pürieren und unter die Zwiebel rühren. Milch und den Bratensaft der Rebhühner zugießen, mit Salz und Muskat abschmecken. Die Sauce etwas einkochen, bis sie eine sämige Konsistenz angenommen hat.

Die Maiscreme über die Rebhühner geben und servieren.

Dazu passen gebratene Kartoffeln.

Marinierte Rebhühner
Escabeche de Perdices (Argentinien)

am Vortag beginnen

4 ausgenommene kleine Rebhühner
4 große Zwiebeln
2 Tomaten
2 Porreestangen
2 rote Paprikaschoten
4 Knoblauchzehen
2 Lorbeerblätter
1/2 TL zerstoßener Kümmel
2 TL Paprikapulver
1/8 l Öl
1/4 l Weinessig

Die Rebhühner gründlich waschen, mit Küchenpapier trockentupfen, innen und außen gut pfeffern und salzen. Zwei Zwiebeln in grobe Ringe, die Tomaten in Scheiben schneiden. Restliche Zwiebeln und Porree in feine Ringe schneiden. Die Paprika halbieren, entkernen, waschen und würfeln.

Einen Topf mit groben Zwiebelringen und Tomatenscheiben auslegen. Die Rebhühner darauflegen, mit feinen Zwiebelringen und Porree zudecken. Paprikawürfel, zerdrückten Knoblauch und Lorbeerblätter zufügen, mit Kümmel, Paprikapulver, Pfeffer und Salz bestreuen. Mit Öl und Essig übergießen und mit Wasser auffüllen, bis die Rebhühner bedeckt sind.

Bei geschlossenem Topf eine gute Stunde kochen, bis das Fleisch weich und zart ist. Vom Herd nehmen und 24 Stunden an einem kühlen Ort gut durchziehen lassen.

Vor dem Servieren erwärmen.

Rebhühner in Milch gedünstet

Perdices reogadas en leche (Argentinien)

Die Rebhühner gründlich waschen und mit Küchenpapier trockentupfen. Um die Brust eines jeden Vogels eine Scheibe gekochten Schinken wickeln und mit weißem Zwirn festbinden. Die Rebhühner mit Pfeffer und Salz würzen.

In einem Topf Öl und Butter erhitzen, die Zwiebeln glasig dünsten. Milch und Lorbeerblätter beifügen, die Rebhühner in den Topf legen und bei schwacher Hitze und geschlossenem Topf eine Stunde gar kochen.

4 ausgenommene Rebhühner
4 Scheiben gekochter Schinken
4 EL Öl
4 EL Butter
2 fein gehackte Zwiebeln
1/4 l Milch
2 Lorbeerblätter

Ente mit Quinua gefüllt

Pato relleno de quinua (Argentinien)

3-4 Stunden marinieren
für 6 Personen

1 Ente (2 - 2 1/2 kg)
2 Zitronen (Saft)
frische Rosmarinblätter
frische Estragonblätter
4 EL Butter
150 g geräucherter Speck
1 fein gehackte Zwiebel
100 g Quinua-Körner
1/2 l Hühnerbrühe
200 g Käse
1 Ei

Die ausgenommene Ente gründlich waschen und mit der Hälfte des Zitronensaftes beträufeln. Mit Rosmarin und Estragon bestreuen, drei bis vier Stunden ziehen lassen.

Die Ente aus der Marinade nehmen, mit Pfeffer und Salz würzen, in einen feuerfesten Bräter legen. Das Fleisch mit 2 EL Butter bestreichen und den Braten mit dem Rest des Zitronensaftes beträufeln. Im Ofen bei 180° C eine Stunde braten.

Währenddessen den Speck fein würfeln. 1 EL Butter zerlassen, Speck und Zwiebel goldbraun anbraten. Quinua-Körner zugeben und unter ständigem Rühren glasig dünsten. Die erhitzte Brühe zugießen, mit Pfeffer und Salz abschmecken und 25 Minuten garen. Die Quinua-Körner vom Herd nehmen, die Hälfte des geriebenen Käses und das gut verquirlte Ei gut untermischen.

Die gare Ente aus dem Backofen nehmen und die Brust wie einen Deckel abschneiden. Das Brustbein vorsichtig aus dem Fleisch lösen. Die Höhlung der Ente mit Quinua-Körnern füllen und wieder mit dem Brustfleisch bedecken. Den restlichen, geriebenen Käse mit der verbliebenen Butter mischen und über die Ente verteilen.

Die Ente erneut in den noch heißen Ofen schieben und weitere 10 bis 15 Minuten überbacken, bis der Käse sich zu bräunen beginnt.

Mit Kartoffelpüree servieren.

Fisch
Pescados

Forelle in Tomatensauce
Truchas en tomatada (Bolivien)

4 große Berg- oder Regenbogenforellen (frisch oder gefroren)
2 Zitronen (Saft)
1 TL gemahlener weißer Pfeffer
100 g gesiebtes Mehl
1/8 l süßer Rotwein
150 g Reis
1 Knoblauchzehe
4 Kartoffeln
1 Kopf Blattsalat
Öl

für die Tomatensauce:
3 Zwiebeln
1 TL sehr fein gehackter frischer Oregano
1 TL sehr fein gehackte frische Petersilie
1 TL sehr fein gehacktes frisches Selleriekraut
1/2 TL sehr fein gehackte frische Minze
5 Tomaten

Frische Forellen ausnehmen und abschuppen, gefrorene auftauen und waschen, von innen und außen mit Zitronensaft einreiben, mit Pfeffer und Salz von allen Seiten würzen, mindestens eine Stunde ruhen lassen.

Jede Forelle der Länge nach in zwei Hälften schneiden. Jedes Filet in Mehl wälzen und in heißem Öl von beiden Seiten goldbraun braten. Erkalten lassen.

Für die Tomatensauce zwei fein geriebene Zwiebeln in 1 EL Öl glasig dünsten, die Kräuter hinzufügen. Die Tomaten kurz in kochendes Wasser tauchen, häuten und fein würfeln. In die Würzmischung geben und alles bei schwacher Hitze unter Rühren 5 Minuten köcheln.

Eine feuerfeste Form mit Deckel einfetten, die Forellenfilets hineinlegen, mit Tomatensauce und Wein übergießen. Die Form schließen und im Backofen bei 180° C etwa 15 Minuten erhitzen.

Währenddessen den Reis waschen und in einer Pfanne ohne Fett bei schwacher Hitze unter ständigem Schütteln trocknen lassen, bis er glasig wird. Den zerdrückten Knoblauch und die restliche fein geriebene Zwiebel zugeben. Unter ständigem Rühren anrösten, bis der Reis leicht goldbraun zu werden beginnt. In einem Topf mit Salzwasser gar dünsten.

Die Kartoffeln schälen und in Salzwasser garen. Anschließend in Scheiben schneiden und in Öl anbraten.

Die Salatblätter lösen, waschen und fein hacken.

Die Forelle in Tomatensauce mit je einer Portion geröstetem Reis, Bratkartoffeln und Salat servieren.

Forellenfilets mit Pilzen

Trucha con hongos al champagne
(Argentinien)

Die Herkunft dieses sehr exklusiven Gerichts liegt in der argentinischen Andenregion, auch wenn es, bedingt durch die unseren Breiten entsprechenden Klimazonen und dadurch ähnlichen Zutaten wie zum Beispiel den Waldpilzen, sehr europäisch erscheint. Das Originalrezept schreibt statt des weißen Sektes sogar »Champagner aus Trauben der kalten Regionen der Anden« vor. Für den normalen Geldbeutel vielleicht etwas zu viel des Guten.

2 Stunden einweichen

100 g getrocknete Waldpilze
Portwein
4 große Forellenfilets (möglichst ohne Gräten)
2 EL Butter
1/4 l weißer Sekt
4 EL süße Sahne

Die Pilze mindestens zwei Stunden in Portwein einweichen.

Die entgräteten Forellenfilets von beiden Seiten pfeffern und salzen. Butter zerlassen und die Filets goldbraun braten. Mit Sekt übergießen und die Filets 3 Minuten ziehen lassen. Die Pilze mit Portwein und süßer Sahne vorsichtig unter die Sauce rühren, ohne dass die Filets auseinander fallen. Aufkochen und bei schwacher Hitze weitere 3 Minuten ziehen lassen.

Zu gekochten Kartoffeln oder Reis und mit einem beliebigen Salat servieren.

Regenbogenforellen
Truchas (Kolumbien)

In Kolumbien sind die andinen Bundesstaaten Boyacá und Cundinamarca wegen ihrer vielen Berg- und Stauseen sowie Talsperren besonders reich an Regenbogenforellen. Deren Zucht wird heute in großem Stil betrieben.

Die Zubereitung unterscheidet sich nicht wesentlich von den bei uns üblichen Verfahren. Deshalb seien hier nur kurz einige Eigenheiten angeführt: Große Forellen (über 250 g) werden vor dem Braten grundsätzlich filettiert, Forellen unter 250 g im Ganzen belassen. Die Zubereitung erfolgt wie bei uns: mit Pfeffer und Salz würzen, mit Zitronensaft beträufeln und in der Pfanne, auf dem Grill oder im Backofen braten.

In Sisga, einem Ort an einem Stausee in Cundinamarca, werden die Forellen außerdem mit geriebener Muskatnuss gewürzt, in Mehl und in verquirltem Ei gewälzt und paniert gebraten. Zum Dünsten werden die Forellen komplett mit der Würzsauce Hogao (Seite 56) bedeckt, nach Bedarf wird etwas Wasser und Weißwein zugegeben. 30 Minuten ruhen lassen und bei schwacher Hitze etwa 15 Minuten dünsten.

Fisch im Erdloch gekocht

Viudo clasico de pescado (Kolumbien)

Diese Art der Zubereitung erinnert sehr an Pachamanca, ist jedoch wesentlich einfacher – und eine attraktive und schmackhafte Bereicherung eines jeden Garten- und Grillfestes mit Freunden. Die alte indianische Tradition der Inkas des »Kochens mit der Erde« hat sich über die ganze andine Region verbreitet.

2-3 Stunden Kochzeit
für 8 Personen

2 kg Fisch (etwa Forelle)
2 kg Yucca
4 grüne Kochbananen
etwa 16 Kochbananenblätter

Die Fische säubern, entschuppen und gut salzen. Die Yucca schälen und in 3 mal 3 cm große Würfel schneiden. Die Kochbananen schälen und in 3 cm dicke Scheiben schneiden.

Ein Loch in die Erde graben, aber nicht zu tief und mit einem Durchmesser, dass die Fische bequem nebeneinander liegen können. Das Loch mit vier Lagen Kochbananenblättern auslegen, Yucca- und Kochbananenstücke hineingeben und darauf die Fische legen. Alles gut mit zwei oder drei Lagen Kochbananenblättern bedecken, so dass die Zutaten nicht mit Erde beschmutzt werden. Das Loch wieder mit Erde auffüllen. Über dem Erdhaufen eine Art Lagerfeuer anzünden und mindestens zwei Stunden lang am Brennen halten.

Die Feuerstelle ausräumen, die Erde und die Deckschicht der Kochbananenblätter vorsichtig entfernen und das Gericht in den Kochbananenblättern servieren, in denen es gekocht wurde.

Marinierter Flussfisch
Ceviche de pescado (Peru)

Auch für die Regionen der andinen Bergflüsse Boliviens ist dieses Gericht sehr typisch. Ceviche de pescado à la La Paz wird traditionell mit dem sehr festen Fleisch des Pejerrey zubereitet.

3 Stunden marinieren
für 6 Personen

1 kg Flussfisch mit festem weißen Fleisch (etwa Bergforelle)
4 scharfe Pfefferschoten
3 Zweige Selleriekraut
1/2 l Zitronensaft
2 klein gehackte Zwiebeln
2 EL fein gehackter Knoblauch
3 große Süßkartoffeln
4 frische Maiskolben
2 rote Zwiebeln
1 rote Pfefferschote der Sorte Rocoto
2 Köpfe Blattsalat

Die Fische gegebenenfalls häuten, entgräten und in 3 cm dicke Würfel schneiden. Die vier Pfefferschoten halbieren, entkernen, waschen und fein hacken. Das Selleriekraut klein hacken.Den Fisch in eine Schüssel legen, mit Pfeffer und Salz würzen. Zitronensaft, Pfefferschoten, Selleriekraut, gehackte Zwiebeln und Knoblauch hinzufügen. Alles gut vermischen und drei Stunden in den Kühlschrank stellen. Der Fisch muss danach weiß, durchsichtig und wie gekocht aussehen.

Etwa 30 Minuten vor dem Servieren die Süßkartoffeln mit Schale in reichlich Wasser weich kochen. Die Maiskolben in 4 cm dicke Stücke schneiden und in einem zweiten Topf in kochendem Salzwasser 10 Minuten garen.

Maiskolben und Süßkartoffeln abtropfen lassen, die Süßkartoffeln schälen und in je drei Stücke teilen. Rote Zwiebeln und rote Pfefferschote in feine Ringe schneiden. Die Salatblätter lösen und waschen. Die Teller mit Salatblättern auslegen, eine Portion des marinierten Fisches darauf verteilen und mit Zwiebel- und Pfefferschotenringen garnieren. Auf den Tellerrand ein Stück Süßkartoffel und auf die andere Seite einige Maiskolbenstücke legen.

Alle Zugaben wie Ketchup oder Mayonnaise, die in manchen Rezepten empfohlen werden, sind ein »Verrat« am Original. Lediglich die Zugabe von Orangen- statt Zitronensaft wird in einigen Gebieten Perus und Boliviens akzeptiert. Das Fischfleisch wird hierdurch je nach Menge etwas süßer im Geschmack.

Lachs
Salmón (Argentinien)

1/4 l Milch
4 Scheiben Lachs (je 250 g)
weißer Pfeffer
1 fein gehackte große Zwiebel
1 EL fein gehackte Petersilie
1 Zitrone (Saft)
Olivenöl
4 Kartoffeln
2 Möhren

Etwas Salz in der lauwarmen Milch auflösen und die Lachsscheiben 15 Minuten darin einlegen. Abtropfen lassen, pfeffern und salzen.

Aus Zwiebel, Petersilie, Zitronensaft und 100 ml Öl eine Marinade zubereiten. Die Lachsscheiben eine Stunde darin einlegen, dabei ab und zu wenden.

Währenddessen die Kartoffeln schälen und in Salzwasser kochen. Die Möhren in Salzwasser kochen und in Scheiben schneiden.

In einer Pfanne Öl stark erhitzen und die Lachsfilets von beiden Seiten kurz anbraten.

Mit Kartoffeln und Möhren servieren.

Aufläufe und Pasteten
Gratinados y Pasteles

Auflauf aus Kalebassenkürbis
Gratinado de calabacines (Venezuela)

Das Kürbisfleisch in feine Scheiben schneiden. Die Maiskörner abtropfen lassen.

In einer Pfanne 2 EL Butter zerlassen und die Zwiebeln glasig dünsten. Zerdrückten Knoblauch und Maiskörner zugeben. Die Stärke in die Milch einrühren und in den Sud geben. Unter ständigem Rühren kochen, bis eine dickliche Sauce entsteht. Mit Pfeffer und Salz abschmecken.

In eine gut eingefettete Auflaufform etwas Sauce verteilen, Kürbisscheiben hineingeben und mit geriebenem Käse bestreuen. Mit dem Rest – in drei bis vier Schichten – auf gleiche Weise verfahren, mit geriebenem Käse abschließen. Butterflöckchen daraufsetzen und den Auflauf im Ofen bei 180° C 45 Minuten backen.

1 kg Fleisch vom Kalebassenkürbis
1 Dose (340 g) Maiskörner
Butter
2 fein gehackte Zwiebeln
2 Knoblauchzehen
2 EL Maisstärke (Maizena)
1/2 l Milch
250 g weißer Käse (Seite 57) oder Parmesan

Auberginenauflauf
Pastel de berenjenas (Argentinien)

Die Auberginen schälen, in Stücke schneiden und in einem Topf mit Salzwasser bedeckt weich kochen. Abtropfen lassen.

Öl erhitzen und die Zwiebel glasig dünsten. Das zerfaserte Auberginenfleisch hinzufügen und unter Rühren 3 Minuten leicht kochen.

Das Brot würfeln, in der heißen Milch aufweichen lassen und mit einer Gabel zerdrücken.

Alle Zutaten vermischen, pfeffern und salzen, gründlich verrühren und in eine gut eingefettete und mit Paniermehl ausgestreute Auflaufform füllen. Im Ofen bei 170° C eine Stunde backen.

Schmeckt heiß und kalt gleichermaßen gut.

für 6 Personen

1 kg Auberginen
1/8 l Öl
1 fein gehackte Zwiebel
4 Scheiben Brot ohne Rinde
1/4 l heiße Milch
4 Eier
100 g geriebener Käse
Paniermehl

Maisauflauf

Pastel de choclo (Chile)

8 große Maiskolben oder 800 g Tiefkühlmais
1 EL Öl
2 EL Butter
1/2 l Milch
brauner Zucker
2 TL fein gehacktes frisches Basilikum
1/2 Hähnchen
2 hart gekochte Eier
2 EL einer beliebigen Pfefferschotensauce

Die Maiskörner von den Kolben schneiden und in der Küchenmaschine mahlen oder pürieren.

Öl und Butter erhitzen, den Maisteig langsam zugeben und unter ständigem Rühren kochen. Wenn der Brei einzudicken beginnt, nach und nach die Milch unterrühren. 1 1/2 TL Salz, 2 EL braunen Zucker und Basilikum unterziehen.

Währenddessen das Hähnchen braten, anschließend in portionsgerechte Stücke teilen, die Knochen entfernen. Die Eier in Scheiben schneiden.

Pro Person einen Teller gut einfetten, Hähnchenstücke, Eierscheiben und Pfefferschotensauce darauf anrichten. Alles mit einer gut 2 cm dicken Schicht Maisbrei bedecken und mit braunem Zucker bestreuen. Die Teller in den Ofen stellen und den Auflauf bei 200° C überbacken, bis der Zucker zu karamellisieren beginnt.

Varianten

Statt des Hühnerfleisches kann ebenso gebratenes Rind- und/oder Schweinefleisch verwendet werden. Wichtig ist, dass die Maisschicht nach dem Überbacken fest und goldbraun, aber nicht zäh ist.

Tamal in der Kasserolle
Tamal en cazuela (Peru)

400 g Hühnerfleisch
scharfes rotes Paprikapulver
3 Tomaten
2 grüne Paprikaschoten
100 g Schmalz
2 fein gehackte Knoblauchzehen
nach Geschmack: fein gehackter frischer Koriander
350 g vorgekochtes gelbes Maismehl
2-3 Kochbananenblätter

Das Hühnerfleisch in gut 1/2 l Wasser mit Pfeffer, Salz und Paprikapulver gar kochen. Das Fleisch aus der Brühe nehmen, abkühlen lassen und zerfasern. Die Tomaten fein hacken. Die Paprika halbieren, entkernen, waschen und fein würfeln.

In einem Topf Schmalz zerlassen, Tomaten, Paprikawürfel und Knoblauch anbraten, mit Koriander und Salz abschmecken, gut zerkochen. Die Fleischfasern unterrühren und abkühlen lassen.

Das Maismehl mit 1/2 TL Salz und einem Teil der Brühe anrühren. Die Fleischfasern mit Sauce zugeben und verkneten. Ist der Teig zu trocken, etwas Brühe zugießen und weiterkneten, bis ein nicht zu nasser, aber reißfester, elastischer Teig entsteht. Den Teig 15 Minuten ruhen lassen, nochmals durchkneten, eventuell Brühe zufügen.

Den Boden einer rechteckigen, feuerfesten Form mit zwei eingefetteten Kochbananenblättern so auslegen, dass auch die Seitenwände der Form bedeckt sind. Den Teig daraufgeben und mit einem Kochbananenblatt und/oder Aluminiumfolie bedecken. Im Ofen bei 180° C etwa eine Stunde backen.

Die Fleischfüllung kann beliebig gewählt werden. Besonders empfehlenswert sind klein gefaserte Reste.
Das Gericht kann in Scheiben geschnitten kalt oder warm genossen werden, verfeinert mit beliebigen Saucen zu Reis oder Salat.

Quinua-Auflauf
Pastel de quinua (Bolivien)

250 g Quinua-Körner
1 EL Butter
1/8 l Milch
2 Tomaten
1 scharfe rote Pfefferschote der Sorte Rocoto
250 g Hackfleisch
2 fein gehackte Zwiebeln
1 EL fein gehackte Petersilie
1 EL fein gehacktes Selleriekraut
1 TL fein gehackter frischer Koriander
1 TL fein gehackte Minze
1 fein gehackte Knoblauchzehe
1 TL gemahlener Pfeffer
1 hart gekochtes Ei
6 schwarze Oliven
200 g weißer Käse (Seite 57)
1 Ei
Öl

Die Quinua-Körner mehrmals gründlich waschen, bis das Wasser klar bleibt. In einem Topf mit heißem Wasser bedeckt ohne Salz 25 Minuten weich kochen. Sobald die Körner aufzubrechen beginnen, sie mit einem Holzlöffel oder Kartoffelstampfer zerdrücken. Mit Butter und Milch verrühren, nach Geschmack salzen.

Die Tomaten kurz in kochendes Wasser tauchen, häuten und fein würfeln. Die Pfefferschote halbieren, entkernen, waschen und sehr fein hacken.

In einer Pfanne etwas Öl erhitzen und das Hackfleisch 5 Minuten anbraten. Die Zwiebeln zugeben und unter Rühren andünsten. Wenn sie glasig werden, Tomaten, Pfefferschote, Kräuter und Gewürze beifügen. Eine Kelle heißes Wasser oder Brühe darübergießen, nach Geschmack salzen und bei schwacher Hitze ziehen lassen, bis das Wasser etwas einkocht.

Das hart gekochte Ei und die entkernten Oliven in Scheiben, den Käse in feine Scheiben schneiden.

Die Hälfte des Quinua-Breis in eine eingefettete feuerfeste Form füllen, die Fleischmischung daraufgeben. Oliven-, Ei- und Käsescheiben darüber verteilen und mit dem restlichen Quinua-Brei bedecken.

Das zweite Ei schlagen, über den Auflauf verteilen. Im Ofen bei 200° C 20 Minuten backen.

▲ Bei der Füllung der Empanadas sind der eigenen Kreativität keine Grenzen gesetzt. Eine Variante u.a. mit Schweinefleisch, Kartoffeln und Hogao (Würzsauce) findet sich auf S. 144.

▲ Maisstand auf dem Markt – indianische Mythen erzählen, dass die erste Maispflanze dem Grab einer schönen Jungfrau entspross. Tatsächlich lassen sich die zahlreichen Mais-Varianten auf eine Stammform zurückverfolgen, die vor etwa 9.000 Jahren im mexikanischen Bergland angebaut wurde.

Ob als Pfannkuchen (S. 142), ► Kekse (S. 192), Kuchen (S. 198) oder Popcorn – die Grundlage für viele Gerichte der andinen Küche bildet der Mais.

Auflauf à la San Pedro
Pastel San Pedrino (Kolumbien)

am Vortag beginnen

125 g Erbsen
500 g Hühnerfleisch mit Knochen
250 g Schweinerücken
125 g Bratwurst
1/8 l Würzsauce Hogao (Seite 56)
250 g Kartoffeln
250 g Quinua-Körner oder Reis
125 g vorgekochtes Maismehl
70 g frischer Sahnequark
1 Ei

Die Erbsen über Nacht in Wasser einweichen.

Am nächsten Tag Hühnerfleisch, Schweinefleisch und Bratwurst fein würfeln und in Salzwasser 30 Minuten kochen. Dann mit der Würzsauce mischen und ruhen lassen. Die Kartoffeln schälen und würfeln.

In der Brühe Quinua-Körner, Kartoffeln und Erbsen etwa 25 Minuten kochen – die Mischung soll nicht mehr zähflüssig, aber auch nicht zu trocken sein. Mit dem Fleisch mischen, mit Pfeffer und Salz abschmecken.

Das Maismehl mit Quark und 1 bis 2 TL Salz verkneten, so dass ein geschmeidiger Teig entsteht. Falls er zu trocken ist, vorsichtig etwas Milch zufügen.

Die Hälfte des Teigs in eine eingefettete Auflaufform füllen, die Fleisch-Gemüse-Mischung darauf verteilen und mit dem restlichem Teig bedecken. Mit dem verquirlten Ei verstreichen und im Ofen bei 160° C 20 Minuten backen.

Pasteten nach Art von Potosí
Salteña potosina (Bolivien)

Diese Pastete aus Weizenteig mit einer Fleisch-Gemüse-Füllung hat ihren Ursprung in der Stadt Potosí, die in den Zentralkordilleren in etwa 4.000 Meter Höhe liegt. Die Stadt war im 17. Jahrhundert eine der wichtigsten der Welt, weit größer als Paris oder London.
Die Pasteten sind quasi zu einem Nationalgericht geworden. Zum Frühstück oder auch zum Beginn vieler Mahlzeiten isst man in Bolivien eine Salteña.

am Vortag beginnen

für den Teig:
500 g Weizenmehl
1 EL Zucker
180 g Butter
375 ml lauwarmes Wasser
1 Prise Salz
1/2 Tasse Milch
2 Eigelb

für die Füllung:
200 g fest kochende Kartoffeln
3 scharfe rote Pfefferschoten der Sorte Rocoto
90 g Butter
2 fein gehackte Zwiebeln
3 fein gehackte Lauchzwiebeln
nach Geschmack: Zucker, zerstoßener Kümmel, getrockneter Oregano
500 g Hüfte oder Rücken vom Rind
200 g gekochte frische Erbsen oder aus der Dose

Am Vortag den Teig zubereiten: Das gesiebte Mehl mit den übrigen Zutaten gut vermischen und kneten, bis ein elastischer Teig entsteht, der Blasen zu werfen beginnt. Den Teig in ein feuchtes Tuch einschlagen und über Nacht im Kühlschrank ruhen lassen.

Ebenfalls am Vortag die Füllung zubereiten: Die Kartoffeln schälen, in Salzwasser kochen und fein würfeln. Die Pfefferschoten halbieren, entkernen, waschen und fein hacken. Butter zerlassen, Zwiebeln, Lauchzwiebeln und Pfefferschoten anschwitzen. Nach Geschmack mit Salz, Zucker, Kümmel und Oregano würzen. Das Fleisch sehr fein hacken, zugeben und durchbraten. Abkühlen lassen. Erbsen, Kartoffeln und Mark hinzufügen. Die Gelatine nach Anleitung mit 1/2 l kaltem Wasser anrühren, 10 Minuten quellen lassen und unter Rühren erwärmen, bis sie sich gelöst hat. Lauwarm unter die Fleisch-Gemüse-Füllung ziehen und alles über Nacht im Kühlschrank kalt stellen.

Am nächsten Tag Eier und entkernte Oliven klein hacken. Den Teig 3 mm dick ausrollen und Kreise mit etwa 10 cm Durchmesser ausstechen. Auf jeden Kreis 1 EL Fleisch-Gemüse-Füllung geben, jeweils kleine Mengen Kartoffelwürfel, Ei, Oliven und einige Rosinen darauf verteilen.

Das Eigelb mit etwas Milch verquirlen und die Ränder der Teigkreise damit bepinseln. Die Teigränder von rechts und links oben über die Füllung schlagen und längs wie eine Naht zusammendrücken, um die Tasche zu schließen; zur Verzierung mit den Fingern Muster in die Nahtkante drücken. Auf ein bemehltes Backblech setzen, mit dem verquirlten Eigelb bepinseln und im Ofen bei 200° C 30 Minuten backen.

2 EL Mark von gekochten Markknochen
1 Päckchen gemahlene Gelatine

2 hart gekochte Eier
6 schwarze Oliven
100 g Rosinen
1 Eigelb
etwas Milch

Variante
Salteñas gibt es natürlich in den verschiedensten Varianten. Zu empfehlen ist besonders die Salteña de pollo (Hühnerpastete), die im Prinzip wie oben zubereitet wird, nur wird gekochtes und zerfasertes Hühnerfleisch verwendet.

Pastete aus Rinderkaldaunen

Torta de menudo (Kolumbien)

11 Stunden Kochzeit

Die Kaldaunen reinigen (Seite 58). Mit Natron im Schnellkochtopf knapp mit Wasser bedeckt zehn Stunden kochen. Währenddessen die Kartoffeln schälen, in Salzwasser kochen und fein würfeln. Das Bratwurstfleisch fein würfeln.

Die Kaldaunen abtropfen lassen und möglichst klein würfeln.

Öl erhitzen und das Bratwurstfleisch anbräunen. Butter zugeben und zerlassen, Kaldaunenwürfel, Lauchzwiebel und Knoblauch zufügen, 10 Minuten andünsten. Unter ständigem Rühen die restlichen Zutaten beigeben, weitere 5 Minuten dünsten, dabei ständig rühren.

Alles in eine eingefettete Auflaufform geben und im Ofen bei 180° C 25 Minuten überbacken.

Mit Eierscheiben und gehackter Petersilie garniert sehr heiß servieren.

500 g Rinderkaldaunen
1/2 TL Natron
125 g Kartoffeln
250 g Bratwurstfleisch
2 EL Öl
2 EL Butter
1 fein gehackte Lauchzwiebel
2 fein gehackte Knoblauchzehen
100 g Reis
100 g gekochte Kichererbsen
2 verquirlte Eier
1/2 TL getrockneter und gemahlener Oregano
zerstoßener Kümmel

Maispasteten à la Bogotá
Tamales bogotanos (Kolumbien)

am Vortag beginnen,
2-3 Stunden Kochzeit
für 16-20 Stück

250 g Kichererbsen
500 g vorgekochtes Maismehl
250 g frische grüne Erbsen
500 g Hühnerfleisch mit Knochen
500 g Schweinerippen
Öl
250 g Hackfleisch
375 ml Würzsauce Hogao (Seite 56)
etwa 5 Kochbananenblätter (30 x 30 cm)

Die Kichererbsen über Nacht in reichlich kaltem Wasser einweichen.

Am nächsten Tag mit frischem Wasser bei schwacher Hitze ein bis anderthalb Stunden weich kochen.

Das Maismehl nach Anleitung mit lauwarmem Wasser mischen (meist im Verhältnis 1:1), leicht durchkneten und ruhen lassen. Die Erbsen kochen. Hühnerfleisch und Rippen in 5 mal 5 cm große Stücke hacken und in etwas Salzwasser garen. Etwas Öl erhitzen und das Hackfleisch anbraten.

Das Maismehl mit Hackfleisch, Hühner- und Rippenfleischstücken, Erbsen, Kichererbsen und der Würzsauce mischen, mit Pfeffer und Salz abschmecken, eine Stunde ruhen lassen.

Die Kochbananenblätter 1 Minute in kochendes Wasser geben, damit sie geschmeidig werden, und mit Öl einfetten. Nach den angegebenen Maßen Blätterstücke zurechtschneiden. 100 bis 130 g der Füllung auf jedes Blatt geben, zweimal einschlagen und mit Zwirn kreuzweise gut verschnüren.

Einen großen Topf mit Resten von Kochbananenblättern auslegen und die Tamales daraufsetzen. Heißes Wasser mit einem Schuss Öl zugießen und die Tamales anderthalb Stunden kochen. Dabei die Maistaschen zwei- bis dreimal umschichten, damit sie alle gleich gut gegart werden.

Varianten

- Statt Erbsen und Kichererbsen mischt man 500 g gekochtes und gewürfeltes Kürbisfleisch und zwei in feine Scheiben geschnittene und gekochte Möhren unter die Maismasse.
- Der eigenen Kreativität sind bei der Füllung der Maispasteten keine Grenzen gesetzt. Von Kolumbien bis ins südliche Argentinien findet man die verschiedensten Varianten. Allerdings werden in Argentinien die Tamales (Humintas) nicht wie in den anderen lateinamerikanischen Ländern gefüllt, sondern die Maismasse wird mit den zerkleinerten und angebratenen Zutaten zu einem Teig verknetet und als Ganzes in die Maisblätter eingeschlagen und gegart. Gelegentlich knetet man auch geriebenen Käse unter. Oder der gewürzte Maisbrei wird im Topf unter Rühren gekocht, abgekühlt, zu einem großen oder mehreren kleinen Broten geformt, in einen Biskuitteig gefüllt und überbacken.

Weihnachts-Maispasteten
Hallacas navideñas (Venezuela)

Allein die aufwändige Zubereitung macht verständlich, wie stolz der Venezolaner auf seine Hallacas ist. Die diesen verwandten Tamales aus Kolumbien und Humintas aus Peru sind nicht ganz so Zeit raubend. Doch wer sich die Mühe macht, die Hallacas einmal sorgfältig nachzukochen, wird verstehen, dass die geniale Kombination der vielen Zutaten ein einmaliges Geschmackserlebnis ergibt. Und besonders zu Weihnachten treibt man ja gerne einmal etwas mehr Aufwand ...

2 Tage vorher beginnen
für 12 Stück

für die Fleischfüllung:
250 g Schweinekeule
500 g Rindfleisch
500 g Hühnerfleisch
500 g Tomaten
250 g rote Paprikaschoten
125 g Porree
125 g Speck
350 g fein gehackte Zwiebeln
3 Knoblauchzehen
Achiotepulver
80 g fein gehackte Lauchzwiebeln
2 milde Pfefferschoten, etwa der Sorte Mirasol
1/2 Röhrchen Kapern
1/8 l Rotwein
1/8 l Weinessig
125 g geriebene Panela oder brauner Zucker
40 g Maismehl
Öl

Am Vortag die Fleischfüllung zubereiten: Alle drei Fleischsorten fein würfeln und getrennt in Salzwasser nicht zu weich garen. Herausnehmen, die Brühe jeweils aufbewahren. Die Tomaten kurz in kochendes Wasser tauchen, häuten und pürieren. Die Paprika halbieren, entkernen, waschen und in feine Streifen schneiden. Den Porree fein hacken. Den Speck fein würfeln.

Öl erhitzen, Zwiebeln, zerdrückten Knoblauch und Speck mit etwas Achiotepulver andünsten, bis die Zwiebeln glasig werden. Lauchzwiebeln und Porree zufügen, 5 Minuten kochen. Paprika und Pfefferschoten beigeben, weitere 5 Minuten kochen. Die drei Fleischsorten untermischen, ebenso Kapern, Tomatenpüree, Wein und Essig. Mit Pfeffer und Salz abschmecken, alles bei kleiner Hitze ziehen lassen. Falls die Mischung zu trocken wird, etwas Brühe zugießen.

Den braunen Zucker in lauwarmem Wasser lösen, das Maismehl einrühren, ebenfalls in die Füllmasse einrühren und bei schwacher Hitze 40 Minuten ziehen lassen, bis sie eine dickliche Konsistenz annimmt.

Bis zum nächsten Tag an einem kühlen Ort ruhen lassen.

Für den Teig das Schmalz zerlassen und das Achiotepulver einrühren. Das Maismehl mit Schmalz, Brühe, 1/8 l Wasser und Salz verkneten, so dass ein geschmeidiger Teig entsteht – wenn nötig, etwas mehr Brühe zugießen. Mit den Händen zwölf gleich große Kugeln formen und ruhen lassen.

Die Umhüllung vorbereiten: Die Blätter von den dicksten Adern befreien, gründlich waschen, mit Küchenpapier trockentupfen und mit Öl abreiben. Nach den angegebenen Maßen Blätterstücke zurechtschneiden.

Zuletzt die Zutaten für die Füllung vorbereiten: Die Paprika halbieren, entkernen, waschen und in feine Streifen schneiden. Die Zwiebeln in feine Ringe, den Speck in feine Streifen schneiden.

Die Zubereitung: Auf die größten Blattstücke je eine Kugel Maisteig geben und gleichmäßig flach drücken, so dass sie einen Durchmesser von etwa 20 cm hat – sie soll nicht bis an die Blattränder reichen. Die Fleisch-Füllung darauf verteilen und die Zutaten der Füllung darauflegen. Den Maisteig mit dem Blattstück über die Füllung klappen, so dass ein gleichmäßiges Paket entsteht. Dabei die zusammengeschlagenen Teigränder gut zudrücken, damit die Füllung nicht austreten kann. Den gefüllten Teig im Blatt einschlagen und nochmals in das mittelgroße Blattstück einwickeln.

Traditionsgemäß kommt jetzt eine »Bauchbinde« aus den rechteckigen Blattstücken. Zusätzlichen Halt kann Zwirn liefern.

Die Hallacas in einen Topf mit ausreichend kochendem Wasser geben, dessen Boden mit Aluminiumfolie oder restlichen Kochbananenblättern ausgelegt ist, damit nichts am Boden haften bleibt. Die Hallacas eine gute Stunde kochen, aus dem Wasser nehmen und abkühlen lassen.

Vor dem Verzehr am besten noch einen Tag ruhen und durchziehen lassen. Zum Aufwärmen 20 Minuten in kochendes Wasser geben.

für den Teig:
125 g Schweineschmalz
1/2 TL Achiotepulver
400 g vorgekochtes Maismehl
1/4 l Hühnerbrühe (von der Füllung)

für die Umhüllung:
12 Kochbananenblätter (30 x 30 cm)
12 Kochbananenblätter (20 x 20 cm)
12 Kochbananenblätter (15 x 20 cm)

für die Füllung:
250 g rote Paprikaschoten
125 g Zwiebeln
125 g Speck
50 g Kapern
100 g gefüllte Oliven
125 g Rosinen
nach Geschmack: Mandelstifte, einen Tag zuvor in Weinessig eingelegt

Kartoffelbreipastete nach Anden-Art
Causa limeña (Peru)

Das Gericht erinnert der Volkslegende nach an die Unabhängigkeit Limas von den Spaniern. Eine Bewohnerin Limas habe nur ein paar gekochte Kartoffeln, Zitronen und Eier zur Hand gehabt, um die siegreichen Soldaten zu verköstigen. Das Ergebnis: Causa limeña. Kausay heißt in Quechua »Kraft«, »Nahrung« und hat einer der originellsten und schmackhaftesten Arten, Kartoffeln zuzubereiten, seinen Namen gegeben.

für 6 Personen

1 kg Kartoffeln
2 Hühnerbrüste oder 300 g gegartes Thunfischfleisch oder 300 g Garnelenfleisch
2-3 mittelscharfe gelbe Pfefferschoten der Sorte Mirasol
3 EL Öl
1 Zitrone (Saft)
1 Avocado
2 hart gekochte Eier
100 g Dickmilch

Kartoffeln mit Schale und Hühnerbrust getrennt in Salzwasser kochen. Die Pfefferschoten halbieren, entkernen, waschen und fein hacken.

Die Pellkartoffeln noch warm schälen und mit einem Kartoffelstampfer pürieren. Öl, Pfefferschoten und Zitronensaft hinzufügen, nach Geschmack pfeffern und salzen. Alles zu einem festen Teig verkneten und 15 Minuten ruhen lassen.

Die geschälten Avocados und die Eier in Scheiben schneiden. Ein Drittel der Kartoffelmasse in eine gut eingefettete Auflaufform drücken – der Boden soll etwa 2 cm hoch glatt bedeckt sein. Das Hühnerfleisch zerfasern, mit Dickmilch vermischen, nach Geschmack salzen und darauf verteilen. Mit dem zweiten Drittel der Kartoffelmasse bedecken. Avocado- und Eierscheiben leicht salzen und darauf verteilen, nach Belieben noch etwas Dickmilch darübergießen. Den restlichen Kartoffelpüree über allem verteilen und bei Zimmertemperatur servieren.

Variante

Häufig wird statt der großen Auflaufform auch pro Person eine kleine Form genommen. Nach dem Fertigstellen der Pastete wird diese auf einen Teller gestürzt und farbenfroh mit schwarzen Oliven, roten und grünen Paprikastreifen und weißen Käsestreifen (Seite 57) garniert.

Gemüse und Beilagen
Verduras y Acompañamientos

Frittierte Kürbisscheiben
Sopaipillas (Chile)

für 12 Stück

300 g Kürbisfleisch
500 g Mehl
1 TL Backpulver
150 g zerlassene Butter
Fett zum Frittieren

Das Kürbisfleisch würfeln und etwa 20 Minuten weich kochen. Das Kochwasser abgießen und die Kürbiswürfel mit dem Pürierstab pürieren.

Das gesiebte Mehl in einer Schüssel mit Backpulver, Salz und zerlassener Butter vermischen. Das noch warme Kürbispüree zugeben und alles gründlich verkneten, so dass ein glatter Teig entsteht, der nicht an den Händen klebt.

Den Teig etwa 3/4 cm dick ausrollen und mit einem Glas Kreise mit etwa 8 cm Durchmesser ausstechen. Die Scheiben mit einer Gabel mehrmals einstechen, damit beim Ausbraten die Luft entweichen kann. Im erhitzten Frittierfett von jeder Seite etwa 3 Minuten dunkelgoldbraun ausbraten.

Varianten

- Sopaipillas wie Empanadas (Seite 60) können auch mit Fleisch oder anderen Resten gefüllt werden. Die Teigscheiben werden dafür etwas größer angelegt und über der Füllung zu einem Halbkreis zusammengeklappt. Den Rand drückt man gut zusammen, damit er sich beim Frittieren nicht öffnet.
- Wer auf gesunde Ernährung achtet und das Frittierfett vermeiden möchte, überbacke die Teigscheiben auf einem mit Backpapier belegten Blech im Ofen bei 180° C etwa 30 Minuten. Es entstehen wunderbar würzige »Kürbisbrötchen«, die durch den quittegelben Teig sehr appetitlich aussehen.

Die Sopaipillas werden mit scharfer Pebre-Sauce (Seite 169) verzehrt – oder aber süß, mit Zucker bestreut. Die ausgestochenen Teigkreise können, mit zwischengelegtem Pergamentpapier, eingefroren und in gefrorenem Zustand direkt frittiert werden.

Kürbispüree
Quibebé (Argentinien)

für 6 Personen

1 kg Fleisch vom Sommerkürbis
4 Lauchzwiebeln
100 ml Öl
250 g vorgekochtes Maismehl
250 g Käse

Das Kürbisfleisch würfeln, die Lauchzwiebeln in feine Ringe schneiden.

Öl erhitzen und die Zwiebelringe andünsten, aber nicht braun werden lassen. Die Kürbiswürfel zugeben, kurz anbraten, mit Wasser bedecken und weich kochen.

Den Kürbis mit einer Gabel pürieren und salzen. Das Maismehl unter ständigem Rühren einstreuen, ebenso den geriebenen Käse. Alles unter ständigem Rühren bei schwacher Hitze köcheln, bis sich der Käse aufgelöst und vollständig verteilt hat.

Sehr heiß servieren.

Schmeckt vorzüglich zu gebratenem Fleisch.

Maisbälle mit Käse
Buñuelos de queso (Kolumbien)

250 g Maisstärke (etwa Maizena)
1 TL Backpulver
nach Geschmack: Salz (abhängig vom Salzgehalt des Käses)
250 g geriebener frischer weißer Käse (Seite 57)
2 verquirlte Eier
Fett zum Frittieren

Die gesiebte Stärke mit den übrigen Zutaten leicht verkneten, bis ein zarter, elastischer Teig entsteht. Kleine Bällchen mit 5 cm Durchmesser formen.

Fett erhitzen und die Bällchen schwimmend ausbacken. Sobald sie sich aufblasen, die Temperatur erhöhen und die Buñuelos goldbraun fertig frittieren.

Auf Küchenpapier abtropfen lassen.

Buñuelos können als Begleitung zu jedem Gericht serviert werden und schmecken auch als einfacher Snack hervorragend, sogar zum Kaffee. In Antioquia durchtränkt man sie mit einem leichten Sirup aus Zucker und Orangenblütenwasser.
In Läden für lateinamerikanische Nahrungsmittel und im Internet erhält man bereits fertiges Maismehl für Buñuelos (auf die Anleitung achten).

Bollos aus unreifem Mais
Bollos de choclo (Kolumbien)

Der kolumbianische Begriff Bollo bedeutet nicht wie in Spanien »Brötchen«. Er ist schwer ins Deutsche zu übertragen und steht für die verschiedensten Arten der Teigzubereitung (auch aus Yucca oder Kochbananen), die in Hüllblätter (meistens Mais) gewickelt und im Wasserbad gegart werden.

10 unreife Maiskolben mit Blättern
250 g weißer Käse (Seite 57)
1 Ei
Zucker

Die Blätter von den Maiskolben trennen, dabei die zu einem Kolben gehörigen Blätter zusammenlassen. Die Körner von den Kolben schneiden und im Mixer pürieren. Mit geriebenem Käse vermengen, das verquirlte Ei unterkneten, mit einer Prise Zucker und Salz abschmecken. Nochmals gut kneten, so dass ein fester Teig entsteht.

Die Maisblätter so zusammenlegen, wie sie zu einem Kolben gehörten. Vom Teig einen etwa 10 cm langen Strang mit etwa 5 cm Durchmesser in die Blätterhülle füllen, diese wie zum Maiskolben schließen, mit Zwirn oben und unten zubinden und umwickeln.

Die Bollos in einen Topf mit ausreichend kochendem Wasser geben, dessen Boden mit Aluminiumfolie oder restlichen Maisblättern ausgelegt ist, damit nichts am Boden haften bleibt, und 30 Minuten kochen.

Die Bollos werden entweder warm zu Fleisch oder kalt zu Kaffee genossen. Denn auch kalt in Stücke geschnitten, mit einer Scheibe weißem Käse (Seite 57) – oder anderen Sorten – belegt oder mit gesalzener Dickmilch bestrichen sind sie eine Delikatesse.

Maispfannkuchen
Cachapa (Venezuela)

12 zarte unreife Maiskolben oder gut 1 kg Tiefkühlmais
250 g weißer Käse (Seite 57)
nach Geschmack: geriebene Panela oder brauner Zucker
Milch

Die Maiskörner von den Kolben schneiden und im Mixer pürieren. Mit geriebenem Käse, etwas Salz und Panela mischen. Ist die Masse zu fest, etwas Milch zugießen.

Eine Pfanne einfetten, erhitzen und den Maisteig wie bei Tortillas oder Pfannkuchen auf den heißen Pfannenboden geben. Ist die eine Seite gebräunt, mit Hilfe eines flachen Topfdeckels wenden und von der anderen Seite goldbraun braten.

Heiß servieren.

Varianten
Auch bei diesem Rezept sind Eigenkreationen keine Grenzen gesetzt: etwa einer Füllung mit in feine Scheiben geschnittenem Käse oder Hähnchenfleisch. Wie beim Omelett klappt man eine Hälfte der Cachapa über die Füllung.

Küchlein aus unreifem Mais

Arepas de maíz choclo
(Kolumbien, Venezuela)

Diese, wohl die ursprünglichste Sorte der Arepas überhaupt, werden in der Andenregion schon seit Jahrtausenden nach dem gleichen Rezept zubereitet.
Man verfeinert den Maisteig durch Zugabe von geriebener Panela (braunem Zucker) und Anis nach Geschmack vor dem Backen.
Der Antioqueño aus Kolumbien geht im Gegensatz zu vielen anderen Andenbewohnern sehr sparsam mit Gewürzen um, die Arepas dieser Region werden traditionell ohne Salz zubereitet.

6 Stunden einweichen

unreife weiße oder gelbe Maiskolben oder Tiefkühlmais
1/2 TL Pottasche
Öl

Die Maiskörner von den Kolben schneiden und sechs Stunden in 1 l Wasser mit Pottasche einweichen.

Herausnehmen, abtropfen lassen und im Mixer nur grob pürieren. Etwas Öl und Salz zugeben, durchkneten. Ist der Teig zu trocken, vorsichtig wenig Wasser, ist er zu feucht, etwas Maisstärke zugeben. Flache Scheiben formen.

Eine gusseiserne Pfanne mit wenig Öl erhitzen und die Maisscheiben backen, bis sie äußerlich trocken werden und sich von selbst vom Pfannenboden lösen. Wenden und die andere Seite ebenso backen.

Auf ein mit Backpapier belegtes Blech legen und im Ofen bei 180° C backen, bis der Mais sich zu bräunen beginnt.

Gefüllte Maistaschen aus Antioquia
Empanadas antioqueñas (Kolumbien)

für den Teig:
250 g vorgekochtes Maismehl
1 EL brauner Zucker

für die Füllung:
250 g reines Schweinefleisch
250 g Kartoffeln
2 EL Öl
1/8 l Würzsauce Hogao (Seite 56)
nach Geschmack: Kümmel
Fett zum Frittieren

Für den Teig das Maismehl mit 2 TL Salz und Zucker mischen, mit lauwarmem Wasser anrühren, durchkneten und ruhen lassen.

Für die Füllung das Fleisch sehr fein würfeln. Die Kartoffeln schälen und würfeln. Öl erhitzen und die Fleischwürfel kurz anbraten. Wenn das Fleisch sich bräunt, die Würzsauce, Salz und Kümmel beifügen, alles 10 Minuten schmoren. 1/4 l Wasser zugießen, die Kartoffeln beifügen und alles 25 Minuten kochen.

Den Maisteig nochmals durchkneten und mit den Händen zu Bällen von etwa 6 cm Durchmesser rollen. Eine Teigkugel auf ein Stück Plastik (zum Beispiel einen aufgeschnittenen Gefrierbeutel) legen, ein zweites Stück Plastik darüberdecken und die Kugel mit einem Brettchen flach pressen – die entstehende Teigscheibe soll etwa 3 mm dick sein und einen Durchmesser von 15 cm haben. Die obere Folie abziehen.

Auf die Mitte der Teigscheiben 1 bis 2 EL Fleischfüllung geben und die Teigscheibe zuklappen: dazu die Folie anheben und die Hälfte des Teigkreises über die Füllung klappen. Die Folie von oben abziehen und die Teigränder des Halbkreises gut zusammendrücken.

Reichlich Fett erhitzen, die Empanadas mit einer Schaumkelle hineingeben und schwimmend goldbraun ausbacken. Bräunen sie zu schnell, die Temperatur etwas reduzieren.

Die fertigen Empanadas zum Abtropfen auf Küchenpapier legen und heiß servieren.

Achtung!
Empanadas haben die Eigenschaft, beim Ausbacken gerne aneinander zu kleben, deshalb sollten sie während der ersten Sekunden, wenn sie ins Frittierfett kommen, mit der Schaumkelle auseinander gehalten werden.

Varianten
Bei der Füllung der Empanadas sind der eigenen Kreativität keine Grenzen gesetzt. Jede Fleischsorte mit den verschiedensten Gemüsekombinationen eignet sich. Wer es vegetarisch liebt, bereitet die Füllung zum Beispiel auch aus Reis und Gemüse zu. Man kann die Empanadas als »Resteverwertung« nutzen oder den Maisteig etwas süßen. Wer es würziger möchte, verzichtet auf den Zucker im Teig und salzt etwas stärker.

Wer möchte, kann den Rand der Empanadas vor dem Ausbacken verzieren.

Dazu schmecken hervorragend alle Sorten von pikanten Saucen.

Bohnen auf chilenische Art

Porotos a la chilena (Chile)

Dieses Rezept beschreibt die typische Art der chilenischen Anden-Indios, ihre getrockneten Bohnen als Gemüse zuzubereiten.

am Vortag beginnen

500 g trockene weiße Bohnen
1/2 TL gemahlener Oregano
1/2 grüne Paprikaschote
2 scharfe Pfefferschoten der Sorte Colorado
1 EL Öl
1 EL Butter
1 fein gehackte Zwiebel
4 fein gehackte Lauchzwiebeln
2 fein gehackte Knoblauchzehen
eine beliebige Pfefferschotensauce

Die Bohnen über Nacht in Wasser einweichen.

Am nächsten Tag im Einweichwasser belassen – das Wasser soll etwa 5 cm über den Bohnen stehen – und mit 1 1/2 TL Salz, einer Prise Pfeffer und Oregano würzen. Paprika und Pfefferschoten entkernen, waschen und fein würfeln. Öl und Butter erhitzen, Zwiebel, Lauchzwiebeln und Knoblauch glasig dünsten und leicht anbräunen. Paprika und Pfefferschoten zufügen, weitere 5 Minuten dünsten. Alles zu den Bohnen geben und diese im Schnellkochtopf eine Stunde weich kochen.

Mit einem Holzlöffel kräftig durchrühren – die Bohnen sollten noch von leicht flüssiger Konsistenz sein. Ein Schuss Pfefferschotensauce rundet das Ganze ab.

Variante

Schwarze Bohnen in Nusssauce
Fríjoles negros en salsa de nueces
(Kolumbien)

am Vortag beginnen

500 g schwarze Bohnen
2 Zwiebeln
1 Knoblauchzehe
125 g Speck
250 g Schinken
1/8 l Olivenöl
250 g gemahlene Nüsse
getrockneter Oregano
4 pürierte Pfefferschoten der Sorte Mirasol
1/8 l Milch
1 hart gekochtes Ei

Die Bohnen über Nacht in Wasser einweichen.

Am nächsten Tag in ausreichend Wasser weich kochen. Im Mixer pürieren und das Püree durch ein Sieb streichen.

Die Zwiebeln achteln und mit Knoblauch auf einem Backblech im Ofen bei 180° C goldbraun rösten. Anschließend im Mixer pürieren.

Den Speck sehr fein würfeln und im eigenen Fett braun und knusprig anbraten. Herausnehmen und abtropfen lassen. Den Schinken fein würfeln.

Das Öl zum Fett der Speckwürfel gießen, Zwiebelpüree, Nüsse, Schinken, Oregano, Pfeffer, Salz und die Hälfte des Pfefferschotenpürees beifügen, gut mischen. Die Hälfte dieser Sauce in einen Topf geben und das Bohnenpüree zufügen. Unter ständigem Rühren erhitzen, dabei nach und nach Milch bis zur gewünschten Konsistenz zugießen.

Den Rest des Pfefferschotenpürees unterziehen, das Bohnenpüree nochmals abschmecken und in einer Schüssel anrichten. Das Ei pürieren. Die restliche Sauce mit dem Ei vermischen und darüber verteilen.

Zwiebeln mit Amaranth-Füllung

Cebollas rellenas con Amarantha (Bolivien)

4 Stunden quellen lassen

175 g Amaranth-Körner
1/2 l Gemüsebrühe
8 mittelgroße Zwiebeln
150 g Waldpilze
1 scharfe rote Pfefferschote
1 fein gehackte Knoblauchzehe
4 EL Olivenöl
50 g weißer Käse (Seite 57)
1 EL fein gehackter frischer Oregano

Die Amaranth-Körner gründlich waschen, in der lauwarmen Brühe einweichen und bis zu vier Stunden vorquellen lassen. Aufkochen und bei schwacher Hitze 30 Minuten garen. 15 Minuten nachquellen lassen.

Die Zwiebeln schälen, jeweils einen Deckel abschneiden. Die Zwiebeln in kochendem Salzwasser 15 Minuten garen. Mit einem kleinen Löffel vorsichtig aushöhlen, so dass ein 1 cm breiter Rand stehen bleibt.

Die Pilze putzen und fein hacken. Die Pfefferschote halbieren, entkernen, waschen und fein hacken.

Öl erhitzen, das Zwiebelinnere und die Zwiebeldeckel mit Pilzen, Knoblauch und Pfefferschote gut anbraten. Einige Minuten garen. Mit geriebenem Käse und Oregano unter den Amaranthbrei mischen, mit Pfeffer und Salz abschmecken. Die Masse vorsichtig in die ausgehöhlten Zwiebeln füllen.

Die Zwiebeln in eine eingefettete Auflaufform setzen, etwas Öl über jede Zwiebel träufeln und im Ofen bei 200° C etwa 20 Minuten überbacken.

Zu diesem Gemüse passt jedes kurz gebratene Fleisch, Reis und Saucen nach Belieben.

Eingelegte Lauchzwiebeln
Encurtidos de cebolla blanca (Ecuador)

4 Stunden ruhen lassen

8 Lauchzwiebeln
2 scharfe Pfefferschoten, etwa der Sorte Colorado
4 Gewürznelken
4 weiße Pfefferkörner
2 EL Zucker
1/8 l Weinessig

Den weißen Teil der Lauchzwiebeln in 3 cm lange Stücke schneiden, 1 Minute in 1/4 l kochendes Wasser geben und abtropfen lassen.

Die übrigen Zutaten vermischen und 10 Minuten erhitzen. Die Zwiebelstücke zugeben. Alles erkalten und mindestens vier Stunden ziehen lassen.

Eignet sich als Beilage zur Fanesca (Seite 82).

Gebratene Kochbananen mit Käse
Plátano asado con queso (Kolumbien)

4 recht reife Kochbananen (sehr weich, mit bereits schwarzer Schale)
250 g weißer Käse (Seite 57)
2 EL Butter

Die Kochbananen mit Schale auf den Backrost legen und im Ofen bei 200° C 15 Minuten überbacken, dabei mehrmals wenden. Herausnehmen, die Schale abziehen, zurück auf den Rost legen und bei 200° C von allen Seiten 10 Minuten goldbraun überbacken.

Erneut herausnehmen, längs bis zur Mitte einschneiden und in eine eingefettete Auflaufform legen. Den Käse in Scheiben schneiden und in den Einschnitt stecken. Die Bananen mit zerlassener Butter übergießen und bei 200° C 7 Minuten überbacken.

Heiß, nach Geschmack leicht gesalzen, servieren.

Auf gleiche Weise können diese Bananen auch auf einem Grill zubereitet werden.

Käsekugeln aus Yuccastärke
Chipas (Argentinien)

In den Andenregionen Nordargentiniens werden die Chipas häufig zum nachmittäglichen Mate-Tee genossen. Im ganzen Land haben sie sich aufgrund ihrer Schmackhaftigkeit als Snack oder Vorspeise durchgesetzt.

für etwa 40 Stück

500 g Yucca-Stärkemehl
375 g Käse (gut schmelzende Sorte)
150 g Butter
2 Eier
etwas Milch

Das Stärkemehl in einer Schüssel mit geriebenem Käse, weicher Butter, verquirlten Eiern und 1 TL Salz verkneten, so dass ein ziemlich fester, aber dennoch elastischer Teig entsteht. Damit er sich besser bearbeiten lässt, eventuell wenig lauwarme Milch zugießen – der Teig darf aber nicht zu feucht werden. Eine Stunde ruhen lassen.

Aus dem Teig kleine Kugeln mit 2 bis 3 cm Durchmesser formen und diese zwischen den Handflächen gleichmäßig rund rollen. Die Kugeln mit mindestens 1 cm Abstand auf ein gut eingefettetes oder mit Backpapier belegtes Blech legen und im Ofen bei 200° C 15 Minuten backen.

Bei längerer Backzeit werden die Chipas zu hart. Durch den schmelzenden Käse sind sie innen frisch und etwas feucht, aber schon durchgebacken.

Frittierte Yucca
Yuca frita (Kolumbien)

500 g Yucca
Öl oder Butter

Die geschälte Yucca entlang der Venen in grobe, lange Stücke schneiden und in Salzwasser 30 Minuten garen. In einem Durchschlag abkühlen und abtropfen lassen. In etwa 12 cm lange daumendicke Stücke schneiden, die Venen entfernen. Die Stücke einfrieren.

In einer Pfanne Öl stark erhitzen und die noch gefrorenen Yuccastücke bei nicht zu starker Hitze braten – **Vorsicht:** Gefahr von Fettspritzern! Dieses Vorgehen garantiert, dass die Yucca außen knusprig wird, innen aber schön weich und saftig bleibt.

Die Yuccastücke nach Geschmack mit Salz bestreuen und servieren.

Süßkartoffelpuffer
Frituras de batatas (Ecuador)

für 10 Stück

2 große Süßkartoffeln
2 Eier
60 g Mehl
3 EL Schweineschmalz
Butter oder Honig

Die Süßkartoffeln schälen und in Salzwasser 30 Minuten garen. Mit dem Kartoffelstampfer in einer Schüssel zerdrücken. Eier, Mehl, 1 TL Salz und eine Prise Pfeffer untermischen.

In einer großen Pfanne Schmalz zerlassen und den Teig mit einem großen Löffel portionsweise hineingeben. Von beiden Seiten einige Minuten bräunen, dabei mit einem Pfannenwender flach drücken.

Heiß mit Butter oder Honig servieren.

Kartoffeln nach Art von Huancayo
Papas a la huancaina (Peru)

8 mittelscharfe gelbe Pfefferschoten der Sorte Mirasol
2 EL Olivenöl
250 g geschälte und geröstete Erdnüsse (Seite 56)
3/4 l Milch
1/4 l Sahne
8 große fest kochende Kartoffeln
1 große Tomate
2 hart gekochte Eier
8 schwarze Oliven
1 Kopf Blattsalat
125 g weißer Käse (Seite 57)

Die Pfefferschoten halbieren, entkernen, waschen und mit Öl im Mixer pürieren. Unter ständigem Rühren 3 Minuten kräftig anbraten. Den Mixer säubern und die Erdnüsse mit Milch pürieren, bis eine Paste entsteht. Pfefferschotenpüree und Erdnusspaste in einen Topf geben, Sahne, 1/4 l Wasser und Salz nach Geschmack zufügen. Alles unter ständigem Rühren etwa 15 Minuten einkochen, bis eine sämige Sauce entsteht.

Währenddessen die Kartoffeln schälen und in Salzwasser garen. Tomate, Eier und Oliven in dünne Scheiben schneiden. Den Käse in Streifen schneiden oder reiben. Die Salatblätter lösen, waschen und auf Teller legen. Pro Person zwei Kartoffeln darauflegen und mit reichlich Erdnusssauce übergießen. Mit Tomaten-, Ei- und Olivenscheiben garnieren, nach Belieben mit Käse bestreuen.

Übergossene Kartoffeln
Papas chorreadas (Kolumbien)

750 g mittelfeste Kartoffeln
1 Tomate
4 fein gehackte Lauchzwiebeln
125 g weißer Käse (Seite 57)
70 ml süße Sahne
1 EL Öl
zerstoßener Kümmel

Die Kartoffeln gründlich waschen und teilweise schälen, das heißt die Hälfte der Schale fleckenweise stehen lassen. In Salzwasser 45 Minuten weich kochen. Die Tomate kurz in kochendes Wasser tauchen, häuten und klein schneiden.

Lauchzwiebeln, Tomate und geriebenen Käse mit Sahne mischen und in Öl anschmoren, so dass eine Sauce entsteht. Mit Pfeffer, Salz und Kümmel abschmecken.

Die garen Kartoffeln in eine flache Form setzen und mit der Sauce übergießen.

Heiß serviert passen diese Kartoffeln als Beilage zu Reis und allen Fleischsorten. Traditionell sind sie unverzichtbare Beilage zu Sobre barriga sudada, geschmorten Oberbauch.

Weißkohlkroketten

Croquetas de repollo (Chile)

1 mittelgroßer Weißkohl
4 Eier
3 EL sehr fein gehackte Petersilie
3 EL Weizenmehl
1/4 l Milch
Fett zum Frittieren

Den Weißkohl in grobe Stücke schneiden und in einem Topf mit Salzwasser bedeckt kochen, bis er zart ist, aber noch Biss hat. Abtropfen lassen und sehr fein hacken.

Die Eier gut miteinander verquirlen, mit allen Zutaten vermischen, pfeffern und salzen.

In einem Topf ausreichend Fett erhitzen, die Masse esslöffelweise hineingeben und schwimmend ausbacken.

Die goldbraunen Kroketten auf Küchenpapier abtropfen lassen und im Backofen warm halten.

Mit Tomatensalat und körnig gekochtem Quinua (Seite 59) servieren.

Gerösteter Schweinespeck auf kolumbianische Art

Chicharrones de cerdo al estilo colombiano (Kolumbien)

1 kg ungeräucherter, ungesalzener Schweinebauch mit zarter Schwarte
1 EL Natron
2 EL Öl

Den Schweinebauch in bis zu 1 1/2 cm breite Streifen schneiden, auch die Schwarte durchtrennen. Im Abstand von 1 cm die Speckstreifen ein-, ohne die Schwarte anzuschneiden. Die Streifen in wenig Wasser mit 1/2 TL Natron bis zu 7 Minuten kochen – darauf achten, dass die Schwartenseite von Wasser bedeckt ist. Herausnehmen und abtropfen lassen. Die Schwarte mit dem restlichen Natron einreiben und die Speckstreifen eine Stunde ruhen lassen. Dann auf eine Länge von 3 bis 5 cm schneiden.

In einer Pfanne 2 EL Öl und die Speckstreifen bei schwacher Hitze ausbraten – sie lassen ihr eigenes Fett aus. Wenn das Fleisch goldbraun und knusprig ist, aus der Pfanne nehmen, auf Küchenpapier abtropfen lassen und noch heiß nach Belieben salzen.

Die Chicharrones schmecken hervorragend zu frittierten grünen Kochbananen oder Reis. Aber auch kalt als Snack sind sie ein Gedicht.

Spiegeleier mit Honig
Huevos fritos en miel de abeja (Kolumbien)

Butter
pro Person 1 Ei
1 EL Honig pro Ei

Eine Pfanne mit wenig Butter einstreichen, die Eier hineinschlagen, mit Honig übergießen und wie Spiegeleier braten – **Vorsicht:** Spritzgefahr!

Huevos fritos sind eine der traditionellen Beilagen zu Bandeja paisa (Seite 209), die auch gut schmeckt zu Reis oder Kartoffeln.

Quinua-Bällchen
Quimbolitso de quinua (Ecuador)

für 12 Stück

Seco de quinua (Seite 59) auf der Basis von 250 g Quinua-Körnern
4 Eier
100 g zerlassene Butter
150 g brauner Zucker
1 Päckchen Vanillezucker
1 TL Backpulver
1/2 TL Natron
1 TL gemahlener Zimt
Rosinen
12 Kochbananenblätter (etwa 20 x 20 cm)

Alle Zutaten bis auf die Rosinen in der Küchenmaschine pürieren. Die Rosinen unter den entstandenen Teig kneten und zwölf Kugeln formen.

Blätterstücke zurechtschneiden, einfetten und auf jedes eine Teigkugel legen. Erst die rechte und dann die linke Seite des Blattes über die Masse schlagen, beide Enden nach unten zuklappen und mit Zwirn zubinden.

Ein Sieb in einen großen Topf mit Wasser hängen. Die Päckchen hineinlegen und bei geschlossenem Topf im Dampf 30 Minuten garen.

Chihuiles
(Ecuador)

Vor vielen Jahren brachten Eseltreiber, die von den Anden herunter an die Küste ritten, den Urahnen dieses Rezeptes mit, das sie bei den Indios kennen gelernt hatten. Sie verzehrten die Chihuiles gewöhnlich als Begleitung zu gebratenem Meerschweinchen, gepökeltem Fleisch, Bohnen und geröstetem Mais.

für 36 Stück

250 g Schweineschmalz
1 1/2 kg vorgekochtes gelbes Maismehl
1 EL Butter
1 EL Öl
1/2 TL Achiotepulver
500 g weißer Käse (Seite 57)
36 Blätter von trockenen Maiskolben

Das Schmalz in 1/4 l kochendem Wasser zerlassen und unter das Mehl kneten. 2 TL Salz und die ebenfalls zerlassene Butter unterkneten. Falls nötig, wenig heißes Wasser einarbeiten – der Teig soll elastisch sein und darf nicht an den Händen kleben. Eine große Kugel formen und mit einem sauberen Küchentuch bedeckt 30 Minuten ruhen lassen.

Währenddessen Öl erwärmen, das Achiotepulver einrühren und unter den geriebenen Käse mischen.

Den Maisteig nochmals gut durchkneten, 10 cm lange und 5 cm dicke Würstchen formen. Die Würstchen in die Handfläche legen, in die Mitte eine Mulde drücken und 1 TL Käsemischung einfüllen. Über der Mulde den Teig wieder zusammendrücken.

Ein Chihuil in ein Maisblatt wickeln, dieses wie ein Paket verschließen, in den Dampfeinsatz eines Schnellkochtopfes legen und im Dampf etwa 30 Minuten garen – bei Verwendung eines normalen Topfes die Chihuiles in ein Sieb legen und dieses in den Topf mit Wasser hängen; die Kochzeit verdreifacht sich.

Die Chihuiles aus den Blättern wickeln und in dünne Scheiben schneiden.

Mit scharfer Pfeffersauce zu Kaffee servieren.

Fladen aus Amaranth- und Maismehl
Torta de amaranta (Bolivien)

150 g Amaranth-Mehl
150 g vorgekochtes feines Maismehl
2 EL Öl

Beide Mehlsorten mit 1/2 TL Salz gut vermischen. Das Öl und etwa 1/8 l heißes Wasser zugießen, alles unter Rühren zu einem Teig verarbeiten. Zuletzt leicht kneten, so dass ein fester, aber geschmeidiger Teig entsteht. Falls nötig, etwas mehr Wasser zugießen.

Den Teig zu einer Rolle formen und mit einem Tuch bedeckt 15 Minuten ruhen lassen. Dann in 2 bis 3 cm dicke Stücke schneiden und auf einer bemehlten Arbeitsfläche zu sehr dünnen Kreisen ausrollen.

In einer gusseisernen Pfanne von beiden Seiten goldbraun backen.

Varianten

Traditionell nehmen die Anden-Indios diese Art Fladen mit Bohnengemüse zu sich. Man kann sie aber auch warm mit Gemüse oder Salat füllen. Abgekühlt, gestapelt und in einem verschlossenen Behälter halten sie sich einige Tage. Zum Aufbacken werden sie mit Wasser beträufelt und im Backofen kurz erhitzt.

Salate
Ensaladas

Quinua-Salat nach Inka-Art
Tabulet de los Incas (Peru)

250 g Quinua-Körner
1 rote Paprikaschote
2 Zweige Selleriekraut
2 Möhren
2 EL Maisöl
250 g unreife Maiskörner oder aus der Dose
2 EL Senfkörner
2 EL Apfelessig
4 EL fein gehackte frische Korianderblätter
1 fein gehackte Lauchzwiebel
2 EL Olivenöl
2 Avocados

Die Quinua-Körner mehrmals gründlich waschen, bis das Wasser klar bleibt. In einem Topf mit heißem Wasser bei schwacher Hitze 15 Minuten kochen. Die Paprika halbieren, entkernen, waschen und fein würfeln. Das Selleriekraut fein hacken. Die Möhren in kleine Würfel schneiden.

In einer großen Pfanne Maisöl erhitzen, Paprika, Selleriekraut, Möhren und Maiskörner 6 bis 8 Minuten dünsten – sie sollen knackig bleiben und nicht zerkochen. Abkühlen lassen.

In einer Pfanne ohne Fett die Senfkörner bei mittlerer Hitze 2 Minuten rösten, bis die Samen anfangen zu springen; dabei die Pfanne ab und zu rütteln. Abkühlen lassen und 10 Minuten in Essig einlegen.

Alle abgekühlten Zutaten in einer großen Schüssel mischen. Koriander und Lauchzwiebel untermischen, nach Geschmack salzen und mit Olivenöl verfeinern. 15 Minuten durchziehen lassen.

Die Avocados in feine Scheiben schneiden und den Salat damit garnieren.

Gefüllte Rote Beten mit Ei

Remolachas rellenas con huevo (Kolumbien)

am Vortag beginnen

2 große Rote Beten
1 Päckchen gemahlene weiße Gelatine
3 EL fein gehackte Petersilie
2 hart gekochte Eier
4 grüne Oliven ohne Kern, gefüllt mit Paprika

Die Roten Beten eine Stunde in Wasser kochen, herausnehmen und schälen. Auf einer Seite ein Deckelchen abschneiden und die Knolle mit einem Teelöffel so weit aushöhlen, dass ein gekochtes Ei noch etwas Spielraum in dem Loch hat. Die Roten Beten acht Stunden in kaltes Wasser legen; dabei das Wasser zwei- bis dreimal wechseln, damit sie sich etwas entfärben. Abtropfen lassen.

Die Gelatine nach Anleitung zubereiten und die Petersilie unterrühren. Etwas Gelatine in jede Höhlung der Knollen füllen, vorsichtig ein gekochtes Ei einfügen, Gelatine nachfüllen und die Deckelchen wieder aufsetzen. Die gefüllten Roten Beten mit der Öffnung nach oben in einen Behälter geben und zwölf Stunden in den Kühlschrank stellen.

Vor dem Servieren mit einem scharfen Messer in 2 cm dicke Scheiben schneiden, mit Salz bestreuen und mit in Scheiben geschnittenen Oliven garnieren.

Der Farbkontrast dieses Salates bietet auf jedem Tisch auch etwas fürs Auge.

Salat aus grünen Hochlandpapayas
Ensalada de tapacú biche (Kolumbien)

500 g Fleisch grüner, unreifer Papayas
70 ml weißer Essig
1 EL fein gehackte Petersilie

Die Papayas schälen, Kerne und Kernansätze entfernen, das Fleisch in 1 cm große Würfel schneiden. In kochendes Salzwasser geben und etwa 30 Minuten garen. Das Wasser abgießen und die Würfel abtropfen lassen.

Essig mit Petersilie verrühren und die Sauce über die Papayawürfel geben. Mindestens 30 Minuten ziehen lassen, mit Pfeffer und Salz abschmecken.

Variante
Dieser Salat ist sowohl kalt als auch warm als Gemüsebeilage ein Gedicht. Statt der grünen kann man auch halbreife, aber noch feste Papayas verwenden; die Kochzeit beträgt dann nur 20 Minuten.

Kürbissalat

Ensalada de zambo tierno (Ecuador)

1 kg weißes oder gelbes Fleisch vom Winterkürbis
1 Zwiebel
150 g kleine mehlig kochende Kartoffeln
2 El Öl
1 fein gehackte Zwiebel
3 Knoblauchzehen
2 EL Sauce aus Kürbiskernen (Seite 176) oder Kürbiscreme (aus dem Reformhaus)
70 ml Milch
1 EL saure Sahne
1/2 TL gemahlener Koriander
Cayennepfeffer

Das Kürbisfleisch von Schale und Samen befreien, in Streifen von 4 cm Länge und diese in feine Scheiben schneiden. Mit der geviertelten Zwiebel in wenig Salzwasser 20 Minuten gar kochen. Herausnehmen und gut abtropfen lassen.

Die Kartoffeln schälen, in Salzwasser garen und in Scheiben schneiden. Warm halten.

Öl erhitzen, fein gehackte Zwiebel und zerdrückten Knoblauch glasig dünsten. Die Kürbiskern-Sauce, Milch und saure Sahne unterrühren. Das Kürbisfleisch zugeben und bei schwacher Hitze 3 Minuten ziehen lassen.

Die Kartoffelscheiben unterziehen, mit Salz, Koriander und Cayennepfeffer abschmecken.

Traditionsgemäß wird dieser Salat warm zu gebratenem Kaninchenfleisch serviert. Er schmeckt aber auch zu allen Sorten Wild- und Schweinefleisch hervorragend.

Salat aus weißen Bohnen mit Kopfsalat
Ensalada de porotos con lechuga (Chile)

am Vortag beginnen

250 g weiße Bohnen
1 fein gehackte Zwiebel
Zucker
3 EL sehr fein gehackter frischer Koriander
5 Blätter Kopfsalat
Öl
Zitronensaft

Die Bohnen über Nacht in Wasser einweichen.

Am nächsten Tag die Bohnen in frischem Salzwasser weich kochen. Abtropfen und abkühlen lassen.

Die Zwiebel in kochendem Wasser mit einer Prise Zucker etwa 20 Minuten ziehen lassen. Das Wasser abgießen.

Die Salatblätter waschen, fein schneiden und in einer Schüssel mit Bohnen, Zwiebel und Koriander mischen. Mit Öl, Salz und Zitronensaft abschmecken.

Salat aus Andenlupinen, Kartoffeln und Chili
Ensalada de tarwi, papas y ajies (Peru)

500 g hart kochende Kartoffeln
1 Kopfsalat (Herz)
2 große Tomaten
1 große weiße Zwiebel
250 g weißer Käse (Seite 57)
2 hart gekochte Eier
3 mittelscharfe gelbe Pfefferschoten der Sorte Mirasol
Olivenöl
200 g frische Samen der Andenlupine oder der Süßlupine
Apfelessig
1 EL fein gehackter frischer Rosmarin

Die Kartoffeln schälen, in Salzwasser kochen und in Scheiben schneiden. Die Salatblätter lösen, waschen und in feine Streifen schneiden. Tomaten in feine Scheiben, Zwiebel in feine Ringe schneiden. Den Käse würfeln, die Eier in feine Scheiben schneiden. Die Pfefferschoten halbieren, entkernen, waschen und fein hacken und in etwas Öl 5 Minuten andünsten.

Im Schnellkochtopf die Lupinensamen in ausreichend Wasser etwa 45 Minuten garen, dann abtropfen lassen. Mit Kartoffeln, Salat, Tomaten, Käse, Eiern und Pfefferschoten gut mischen. Den Salat mit Öl, Essig und Salz abschmecken, mit Zwiebelringen garnieren und mit Rosmarin bestreuen. Vor dem Servieren mindestens 30 Minuten ziehen lassen.

Saucen, Cremes, Pürees
Salsas, Cremas, Purés

Pikante Meerrettichsauce

Salsa de rábanos picantes (Argentinien)

für 1/4 Liter

1/2 Apfel
1/8 l Sahne
2 EL geriebener Meerrettich

Den Apfel reiben. Die Sahne etwas schlagen, Meerrettich und Apfel unterziehen.

Sofort servieren.

Passt besonders gut zu gebratenem Fisch wie zum Beispiel Forellen.

Pebre-Sauce mit Koriander und Tomaten

Pebre de cilantro con tomates (Chile)

2 Tomaten
2 scharfe Pfefferschoten der Sorte Colorado
2 Zwiebeln
1 Bund frischer Koriander
1 Bund Schnittlauch
1 EL weißer Essig
2 EL Öl

Die Tomaten kurz in kochendes Wasser tauchen, häuten und fein würfeln. Die Pfefferschoten halbieren, entkernen, waschen und fein hacken. Zwiebeln, Koriander und Schnittlauch sehr fein hacken, mit den Pfefferschoten vermischen. Essig, Öl, 1/2 TL gemahlenen Pfeffer und Salz zufügen. So viel Wasser zugießen, dass die Sauce saftig bleibt. Zuletzt die Tomaten unterziehen.

Varianten

Durch Zugabe von zerdrücktem Knoblauch oder durch Wein- oder Kräuteressig statt weißem Essig erhält man interessante Geschmacksrichtungen.

Auberginenpaste mit Oliven

Pasta de berenjenas con aceitunas negras (Kolumbien)

Dieses Gericht aus Villa de Leyva (Cundinamarca) ist uns eher zufällig erhalten geblieben, da die Olivenplantagen dieser Region der Zerstörung durch die Spanier entgingen. Im Gegensatz zu den anderen andinen Regionen Kolumbiens werden in der Küche Cundinamarcas Oliven und Olivenöl reichlich verwendet.

4 Auberginen
2 Zitronen (Saft)
2 rote Paprikaschoten
2 scharfe rote Pfefferschoten der Sorte Rocoto
200 g schwarze Oliven
1/4 l Olivenöl
24 fein gehackte Knoblauchzehen
1 fein gehackte Zwiebel
4 Tomaten
1/8 l Zitronensaft
500 g Dickmilch
3 EL fein gehackte Petersilie

Die Auberginen unter fließend kaltem Wasser abspülen, gut abtropfen lassen und halbieren. Die Hälften mit 4 TL Salz bestreuen und im Kühlschrank mindestens 10 Minuten ziehen lassen. Erneut unter fließend kaltem Wasser abspülen und mit Küchenpapier trockentupfen. Mit dem Saft der beiden Zitronen beträufeln.

Paprika und Pfefferschoten halbieren, entkernen, waschen und fein würfeln. Die Oliven entkernen und fein hacken.

In einem Topf Öl erhitzen und den Knoblauch kurz andünsten. Die Auberginen zugeben und braten. Zwiebel, Paprika, Pfefferschoten und Oliven zugeben, kurz mitdünsten. Das Gemüse bei schwacher Hitze und geschlossenem Topf etwa 10 Minuten ziehen lassen, bis sich die Auberginenschale lösen lässt.

Die Tomaten kurz in kochendes Wasser tauchen, häuten und pürieren. Die Auberginen häuten, klein schneiden und zurück in den Topf geben. 1/8 l Wasser und 1/8 l Zitronensaft zugießen, das Tomatenpüree unterrühren, 5 Minuten köcheln.

Alles pürieren und erkalten lassen. Die Dickmilch unterziehen, mit Pfeffer und Salz würzen, Petersilie untermischen.

Scharfe Erdnusspaste
Ají de maní (Kolumbien)

250 g geröstete ungesalzene Erdnüsse (Seite 56)
1/8 l Gemüsebrühe
1 Tomate
1 hart gekochtes Ei
6 scharfe rote Pfefferschoten der Sorte Rocoto
2 fein gehackte Lauchzwiebeln
1 EL fein gehackter frischer Koriander
Zitronensaft

Die Erdnüsse mit der Brühe sehr fein pürieren. Die Tomate kurz in kochendes Wasser tauchen, häuten und klein schneiden. Das Ei fein hacken. Alle Zutaten zum Püree geben und nochmals pürieren.

Ist die Masse zäh wie ein Teig, kleine Bälle formen. Um eine dickliche Sauce oder Paste zu erhalten, etwas mehr Brühe zugeben.

In einem geschlossenen Gefäß aufbewahrt hält sich die Erdnusspaste eine gute Woche. Vor dem Gebrauch rührt man den Teig oder die Paste mit etwas lauwarmer Brühe bis zur gewünschten Konsistenz an.

Eine appetitanregende, delikate Begleitung zu vielen Gerichten, genau wie die scharfe Avocadocreme (S. 172).

Scharfe Avocadocreme

Ají de aguacate (Kolumbien)

3 Tage vorher beginnen

6 scharfe rote Pfefferschoten der Sorte Rocoto
1/8 l weißer Essig
1 EL Zitronensaft
2 Avocados
3 hart gekochte Eier
2 fein gehackte Lauchzwiebeln
2 EL fein gehackter frischer Koriander
etwas Olivenöl

Die Pfefferschoten halbieren, entkernen, waschen und in grobe Stücke schneiden. Drei Tage in Essig einlegen.

Herausnehmen und mit Zitronensaft pürieren. Die Avocados schälen und fein hacken, die Eier ebenfalls fein hacken. Das Pfefferschotenpüree mit den übrigen Zutaten mischen und nochmals pürieren. Falls nötig, etwas Öl zugießen. Mit Pfeffer und Salz abschmecken.

Scharfe Pfefferschotensauce mit Milch

Ajicero der leche (Venezuela)

Vier Pfefferschoten mit Oregano und einer Knoblauchzehe in wenig Wasser 10 Minuten kochen. Die Pfefferschoten herausnehmen, halbieren, entkernen und fein hacken. Das Kochwasser durch ein Sieb abgießen, Oregano und Knoblauch zur Seite legen.

Die Paprika halbieren, entkernen, waschen und fein würfeln.

Etwas Öl erhitzen und die zweite Knoblauchzehe, Nelken, Lauchzwiebel, Paprika sowie die restlichen vier klein gehackten Pfefferschoten 5 Minuten andünsten. Die vier gekochten Pfefferschoten mit Oregano und Knoblauch beifügen, alles weitere 3 Minuten dünsten.

Die Milch aufkochen und unter ständigem Rühren so viel davon in die Pfefferschotenmischung einrühren, bis die gewünschte Konsistenz erreicht ist.

Etwas Koriander beifügen und in einem gut verschlossenen Gefäß kühl aufbewahren. Die Sauce hält sich etwa eine Woche.

8 mittelscharfe rote Pfefferschoten der Sorte Rocoto oder eine schärfere Sorte
1/2 TL fein gehackter frischer Oregano
2 fein gehackte Knoblauchzehen
1 rote Paprikaschote
3 Gewürznelken
1 sehr fein gehackte Lauchzwiebel
1/8-1/4 l Milch
etwas frischer Koriander
Öl

Püree aus getrockneten Pfefferschoten
Puré de ají secado (Peru)

ergibt etwa 1/2 Liter

gut 1 Tasse getrocknete Pfefferschoten der Sorte Hontaka oder eine andere scharfe rote Sorte
6 EL Olivenöl
2 Knoblauchzehen
1/4 l kochende Brühe (Rind oder Huhn)

Die Pfefferschoten in zwei Hälften brechen, die Kerne mit einem kleinen Pinsel herausbürsten. Mit 1/2 l kochendem Wasser übergießen und zwei Stunden ziehen lassen. Abtropfen lassen.

Mit Öl, zerdrücktem Knoblauch, Salz und kochender Brühe im Mixer fein pürieren.

Erscheint das Püree zu scharf, ist es möglich, nachträglich je nach Geschmack noch mildere Pfefferschoten oder ein bis zwei Paprikaschoten einzuarbeiten.

Varianten

- Statt der getrockneten Pfefferschoten kann man auch 1 kg frische verwenden: ein Drittel scharfe und zwei Drittel mittelscharfe bis milde. Diese halbieren, entkernen, waschen und in kleine Stücke brechen. In einem Topf Wasser zum Kochen bringen, vom Herd nehmen und die Pfefferschoten 2 Minuten darin einweichen. Das Wasser abgießen und den Vorgang zweimal wiederholen. Mit 50 ml Olivenöl im Mixer pürieren, mit einer Prise Salz abschmecken. In ein gut verschließbares Gefäß geben. Das Püree ist ein hervorragender Ersatz für frische Pfefferschoten und hält sich im Kühlschrank bis zu drei Wochen.
- Eine andere interessante Möglichkeit: nur Pfefferschoten einer Farbe nehmen; zum Beispiel eignet sich die gelbe Sorte Mirasol hervorragend dafür.

Warm oder kalt ist dieses Püree ein Genuss zu Reis, Kartoffeln, Yucca und gebratenem Fleisch oder Fisch. Oder als Brotaufstrich probieren – eine gesunde, leckere und abwechslungsreiche Variante.

Chichasauce
Salsa lampreada de chicha (Ecuador)

Diese Sauce erinnert im Geschmack stark an ein altes schlesisches Saucenrezept mit Dunkelbier und Honigkuchen.

für 6 Personen

375 ml Chicha oder helles Bier
2 Gewürznelken
2 Zimtstangen
4 weiße Pfefferkörner
50 g geriebene Panela oder brauner Zucker
2 TL Maisstärke (Maizena)
1/2 Gemüsezwiebel
1/2 scharfe rote Pfefferschote
1 grob gehackte große Zwiebel

Chicha mit Nelken, Zimt, Pfefferkörnern, Panela und 1/2 TL Salz schwach erhitzen. Die Stärke in 1/8 l Wasser anrühren, zugeben und alles bei schwacher Hitze 5 Minuten kochen.

Die Gemüsezwiebel in feine Ringe schneiden. Die Pfefferschote entkernen, waschen und in Streifen schneiden. Beides mit der gehackten Zwiebel zugeben, weitere 2 Minuten ziehen lassen.

Nelken, Zimtstange sowie Pfefferkörner aus der Sauce nehmen und abschmecken.

Die Sauce schmeckt hervorragend zu allen gebratenen Fleischsorten, gekochtem Quinua (Seite 59), Reis und Kartoffeln.

Sauce aus Kürbiskernen
Salsa de pepa de zambo (Ecuador)

für 6 Personen

1 mittelscharfe rote Pfefferschote der Sorte Rocoto
2 EL Schweineschmalz
4 fein gehackte Zwiebeln
250 g rohe oder geröstete ungesalzene Kürbiskerne

Die Pfefferschote in Wasser 3 Minuten kochen. Herausnehmen, halbieren und entkernen.

In einem Topf Schmalz zerlassen und die Zwiebeln glasig dünsten.

Rohe Kürbiskerne wie Erdnüsse rösten (Seite 56) und mahlen. 375 ml Wasser mit der Pfefferschote zufügen und im Mixer pürieren. In den Topf geben und bei schwacher Hitze unter ständigem Rühren bis zu 5 Minuten erwärmen – nicht aufkochen, sonst gerinnt die Sauce.

Variante
Besonders delikat: In einem Topf Zwiebeln und Knoblauch anschwitzen, die Kürbiskern-Sauce zugießen und gekochte dicke Bohnen 5 Minuten darin ziehen lassen. Mit Pfeffer, Salz und gemahlenen scharfen Pfefferschoten abschmecken.

Eine Sauce, die praktisch zu allem schmeckt.

Desserts und Süßspeisen
Postres y Dulces

Süße Delikatesse aus Hirse
Golosina de mijo (Peru)

In einem geschlossenen Topf die Hirse mit etwas Anis, Zimt und einer Prise Salz in 1/2 l Wasser zum Kochen bringen. Bei schwacher Hitze etwa 25 Minuten garen.

In einem zweiten Topf 1/4 l Wasser mit der Panela zum Kochen bringen. Rosinen, Kokosraspel und Nüsse zugeben, kurz aufkochen und unter ständigem Rühren einkochen, bis die Konsistenz flüssigem Honig gleicht.

Den Sirup zur Hirse geben und gut unterrühren. Bei schwacher Hitze und geschlossenem Topf weitere 5 Minuten ziehen lassen, dann vom Herd nehmen. Butterflöckchen auf der Hirse verteilen, die geschmolzene Butter unterrühren. Das Dessert in eine große Form oder kleine Schalen füllen und erkalten lassen.

250 g Hirse
etwas gemahlener Anis und Zimt
150 g geriebene Panela oder brauner Zucker
1 EL Rosinen
1 EL Kokosraspel
1 EL geriebene Haselnüsse oder Mandeln
etwas Butter

Saure Ziegenmilch
Cortado de leche de cabra (Kolumbien)

1/2 l Ziegenmilch
250 g geriebene Panela oder brauner Zucker
1/2 Zitrone (Saft)

Die Ziegenmilch mit der Panela in einer tiefen Pfanne oder einem breiten Topf unter ständigem Rühren mit einem Holzlöffel bei mittlerer Hitze kochen, bis der Zucker gelöst ist, die Masse dicklich wird und sich komplett vom Topfboden löst. Den Zitronensaft unterrühren.

Die fertige Masse ein bis zwei Finger dick auf ein mit Backpapier belegtes Blech streichen, auskühlen und fest werden lassen. In Streifen von 5 mal 2,5 cm Größe schneiden.

Variante
Statt der Ziegen- kann auch Schafsmilch verwendet werden. Kuhmilch ist natürlich auch möglich, aber gerade der spezielle Geschmack der Ziegenmilch macht den Reiz dieser Süßigkeit aus.

Pudding aus Maisstärke
Natilla (Kolumbien)

für 8 Personen

2 l Milch
500 g geriebene Panela oder brauner Zucker
300 g Maisstärke (Maizena)
2 EL Butter
4 Zimtstangen
2 EL Zucker
1 frische Kokosnuss (geriebenes Fleisch)
1 EL gemahlener Zimt

1 1/2 l Milch mit der Panela erhitzen, den entstehenden Schaum abschöpfen. Die Stärke in der restlichen Milch anrühren und mit Butter und Zimtstangen zur Milch geben. Alles bei schwacher Hitze unter ständigem Rühren 10 Minuten kochen.

Die Kokosraspel unterziehen und den Pudding mit einem Zimt-Zucker-Gemisch bestäubt in Dessertschalen noch warm oder kalt servieren.

Bei der ursprünglichen andinen Form der Natilla werden keine Kokosraspel untergezogen und sie wird, aufgrund des kalten Klimas, warm genossen. Die beschriebene verfeinerte Variante, die sich im Laufe der Zeit herausbildete, ist noch etwas delikater.

Käse in Sirup
Curruchete (Venezuela)

Traditionell aus Emaille-Trinkschalen gegessen, lässt Curruchete »die Kälte leichter ertragen«. Und seine »warme Süße erfreut das Herz und wärmt die Nase«, wie eine Venezolanerin es einmal treffend sagte. Auch in unseren Breiten ist die Süßspeise an kalten Wintertagen ein Hochgenuss. Leider wird Curruchete selbst in Venezuela heute nur noch selten zubereitet und ist in keinem Kochbuch zu finden. Das Rezept ließ sich nur aus Überlieferungen und Erzählungen einiger venezolanischer Hausfrauen zusammenstellen. Die Variationen von Region zu Region und von Haushalt zu Haushalt beachtend kommt das vorliegende Rezept dem Original wohl am nächsten.

500 g wenig gesalzener geräucherter oder weißer Käse (Seite 57)
5 trockene süße Brötchen
1/2 Panela oder 250 g brauner Zucker

Käse und Brötchen reiben.

Die Panela in einem gusseisernen Topf knapp mit Wasser bedeckt bei schwacher Hitze unter ständigem Rühren zergehen lassen, bis sich ein dickflüssiger Sirup bildet.

Bei schwacher Hitze unter weiterem ständigen Rühren den Käse und zuletzt das Brötchenmehl zugeben, bis eine einheitliche Masse entsteht.

Sehr heiß servieren.

Süßigkeit aus Guaven
Dulce de guayaba (Venezuela)

Das Rezept stammt aus der Region um die Stadt Mérida (1.700 Meter) im Süden der Sierra Nevada, die berühmt ist für ihre Fruchtkompotte und Süßigkeiten. Aufgrund der guten klimatischen Bedingungen gedeihen die Guaven noch in dieser Höhe.

20 Guaven
2 Orangen (Saft)
500 g Zucker

Die Guaven halbieren und mit einem Teelöffel das Fleisch herausheben. In einem Topf gut mit Wasser bedeckt 20 Minuten kochen.

Das Fruchtfleisch herausnehmen und im Mixer mit Orangensaft pürieren. In einem Topf mit Zucker unter ständigem Rühren bis zur Marmeladenkonsistenz einkochen.

In einer Schale abkühlen lassen.

Variante
Wer die Süßigkeit mit etwas festerer Konsistenz zubereiten möchte, erhitzt sie etwa 10 Minuten länger, gibt die Masse in eine Form und schneidet sie nach dem Erkalten in beliebige Stücke. Auf diese Art erhält man die geleefruchtartigen Bocadillos de guayaba, für die die Region Antioquia in Kolumbien bekannt ist.

Karamellisierte Cherimoya
Cherimoya caramelisada (Kolumbien)

Das Rezept war den andinen Indios schon vor der Zeit der Spanier bekannt. In den Anden ein Genuss an kalten Tagen wie für uns der Bratapfel.

1 große Cherimoya

Die Cherimoya längs halbieren und mit der Schnittfläche nach unten auf ein eingefettetes oder mit Backpapier belegtes Blech setzen. Im Ofen bei 200° C etwa eine Stunde backen, bis der Saft der Frucht zu karamellisieren beginnt. Die karamellisierte Frucht strömt einen Duft aus, der an Ingwer erinnert.

In Dessertschalen noch warm servieren.

Mit einer warmen Vanillesauce ist dieses Dessert ein Gedicht.

Süßspeise aus Kürbis
Dulce de zapallo (Ecuador)

für 6 Personen

1 kg Fleisch vom Sommerkürbis
750 g geriebene Panela oder brauner Zucker
3 Zimtstangen
5 Gewürznelken

Das Kürbisfleisch in 7 mal 7 cm große Stücke schneiden, die Samen entfernen. Die Stücke nicht schälen, sondern in Richtung Schale wie einen Kamm schmal einschneiden – die Schale aber nicht einschneiden.

Die Kürbisstücke mit der Schale nach unten in einen flachen Topf legen, die gestückelte Panela, Zimt und Nelken zugeben und bis zur Mitte der Kürbisstücke Wasser aufgießen. Den Topf schließen und erhitzen, bis die sich bildende Flüssigkeit das Kürbisfleisch fast bedeckt. Bei schwacher Hitze und geöffnetem Topf 20 Minuten kochen. Den sich bildenden Schaum abschöpfen und die Flüssigkeit weiter einkochen, bis sie sirupartig wird. Nicht umrühren, die Kürbisstücke sollen erhalten bleiben.

In Dessertschalen servieren.

Quinua-Karamel
Caramelo de quinua (Ecuador)

2-3 EL Öl
250 g Quinua-Körner
250 g Zucker

In einem Topf Öl erhitzen und die Quinua-Körner bei starker Hitze unter gelegentlichem Umrühren bis zu 10 Minuten rösten, ohne dass sie schwarz werden. Etwa 1 l kochendes Wasser zugießen – **Vorsicht:** Spritzgefahr! – und die Körner bei geschlossenem Topf 25 Minuten gar ziehen lassen, bis sie körnig und trocken sind.

In einem zweiten Topf den Zucker unter ständigem Rühren einkochen, bis er karamellisiert und die Farbe von hellem Kaffee annimmt – einen Tropfen Zucker in kaltes Wasser fallen lassen: Bildet sich sofort ein hartes Kügelchen, hat das Karamell die richtige Konsistenz.

Die Quinua-Körner noch auf dem Herd in das fertige Karamell einrühren und sofort in einer 3 bis 5 cm dicken Schicht in eine eingefettete Form geben. Abkühlen lassen und anschließend in beliebig große Stücke brechen.

Mate-Eis
Helado de yerba (Argentinien)

3/4 l Milch
3 EL Matepulver (löslich)
4 Eigelb
150 g brauner Zucker
1/4 l süße Sahne
1 TL gemahlene weiße Gelatine

Die Milch mit dem Matepulver erhitzen. Eigelb und Zucker schaumig schlagen, unter ständigem Schlagen mit dem Schneebesen unterrühren, bei schwacher Hitze 5 Minuten ziehen lassen. Abkühlen lassen.

Die Sahne unterziehen. Die Gelatine in wenig kalter Milch auflösen und ebenfalls unterziehen. Die Creme in Dessertschalen füllen und im Eisfach gefrieren lassen.

Dessert von schwarzen Bohnen
Fréjol colado (Peru)

Die Bohnen über Nacht in reichlich lauwarmem Wasser einweichen.

Am nächsten Tag die Bohnen häuten. In einem Topf mit Wasser knapp bedeckt kochen, bis sie weich werden und zu zerfallen beginnen. Mit dem Pürierstab bearbeiten und das Püree mit den übrigen Zutaten gut verrühren. Die Masse unter ständigem Rühren bis zum Eindicken erhitzen. Sofort vom Herd nehmen, wenn beim Rühren der Topfboden sichtbar wird. Abkühlen lassen.

In eine Schüssel oder kleine Dessertschalen füllen und vor dem Servieren mit Sesam oder Zimt bestreuen.

am Vortag beginnen

250 g trockene schwarze Bohnen
250 g Zucker
1 TL gemahlener Zimt
1 TL Gewürznelkenpulver
1/2 Büchse (170 g) Kondensmilch
1 EL gemahlener und gerösteter Sesam (Seite 56) oder gemahlener Zimt

Süßspeise aus Eiern
Dulce de huevo (Chile)

Den Zucker in 3/4 l Wasser etwa 10 Minuten kochen, bis er karamellisiert. Vom Herd nehmen, etwas abkühlen lassen. Die Eier verquirlen und mit dem Schneebesen unterziehen.

Im Wasserbad unter ständigem Rühren weiterkochen, bis die Masse eindickt. Ist die gewünschte Konsistenz erreicht, nach Belieben Vanille- oder Mandelaroma unterziehen.

Erkalten lassen.

für 6 Personen

375 g Zucker
8 Eier
nach Geschmack: Vanille- oder Mandelaroma

Süßspeise von Süßkartoffeln
Dulce de batatas (Bolivien)

Derartige Süßspeisen aus den verschiedensten Gemüsesorten, zum Beispiel Tomaten, und Früchten sind in ganz Südamerika bekannt. Traditionell werden sie in der Karwoche zu sich genommen, als kleiner Snack zwischendurch oder wenn Gäste zu bewirten sind – meist mit Salzkeksen.

für 6 Personen

500 g kleine Süßkartoffeln
375 g Zucker
2 Gewürznelken
10 g klare Gelatine
1/2 TL Vanilleessenz

Die Süßkartoffeln waschen und in kochendem Wasser 25 Minuten garen. Herausnehmen, schälen und – eventuell unter Zugabe von etwas Kochwasser – pürieren.

Den Zucker in einem breiten Topf mit Wasser bedeckt zum Kochen bringen. Nach 5 Minuten Süßkartoffelpüree und Nelken zugeben. Alles bei schwacher Hitze unter häufigem Rühren langsam einkochen, bis der Sirup sich golden färbt und andickt. Den Topf vom Herd nehmen.

Die Gelatine in 100 ml kaltem Wasser anrühren, quellen lassen und mit der Vanilleessenz unter die noch heiße Süßspeise rühren. In mit Wasser ausgespülte Formen füllen und erkalten lassen. Vor dem Servieren stürzen.

Gebäck
Pasteles

Yuccabrötchen
Pan de yuca (Kolumbien)

In den kolumbianischen und venezolanischen Anden ist die Yucca bis in gut 3.000 Meter Höhe zu finden. Pan de yuca ist eine der ursprünglichsten Gebäckarten, welche die Indios der kolumbianischen Anden herstellten, allerdings ohne die Verfeinerung durch geriebenen Käse, ohne den dieses Gebäck für unsere Begriffe sehr fade schmecken würde.

für 8 Stück

500 g Yucca-Stärkemehl
250 g fein geriebener weißer Käse (Seite 57)
3 EL Butter
1 verquirltes Ei

Alle Zutaten miteinander vermischen und gut verkneten, bis ein elastischer Teig entsteht. Acht Brötchen formen: rund oder gebogen wie Hörnchen.

Gut voneinander getrennt auf ein eingefettetes oder mit Backpapier belegtes Blech legen und im Ofen bei 190° C 15 Minuten backen – die Brötchen dürfen nicht braun werden.

Sofort heiß servieren.

Der backfertige Teig hält sich in Plastik eingeschlagen drei bis vier Tage frisch. Formt man aus dem Teig Bälle mit 5 cm Durchmesser, kann man diese auch in heißem Frittierfett etwa 5 Minuten schwimmend ausbacken – hier ebenso darauf achten, dass sie nicht bräunen.
Kalte Yuccabrötchen sind schwammig-weich. Sie können aber im Backofen bei schwacher Hitze gut aufgewärmt werden und erhalten ihre alte Konsistenz zurück.

Brot aus überwinterten Kartoffeln
Chuañe (Chile)

Dies Brot wird aus so genannten Pilcahues hergestellt, Kartoffeln, die bei der Ernte im Boden vergessen wurden. Wenn sie wieder austreiben, werden sie eingesammelt, entkeimt, geschält und gerieben.
Hat man keine Feldkartoffeln zur Verfügung, tun es auch Lagerkartoffeln aus dem Keller, die sehr niedrigen Temperaturen ausgesetzt waren und gerade zu keimen beginnen, aber noch nicht zu schrumpelig und ausgelaugt sind. Nur so viele Kartoffeln abkeimen, wie benötigt werden, denn beschädigte Kartoffeln bilden vermehrt den gesundheitsschädlichen Giftstoff Soalnin.

für etwa 5 Stück

1 kg wieder auskeimende Lagerkartoffeln
etwas Mehl
2 Kochbananenblätter

Die Kartoffeln entkeimen, schälen und reiben. In einem groben Baumwolltuch ausdrücken und mit wenig Mehl verkneten, bis ein geschmeidiger, nicht zu trockener Teig entsteht. 15 cm lange Brote mit 5 bis 7 cm Durchmesser formen, in Kochbananenblätter einschlagen und mit Zwirn zubinden.

In der Restglut eines ausgehenden (Lager-) Feuers 20 bis 30 Minuten ausbacken – oder auf Holzkohle, die so lange gebrannt hat, bis sich auf der Oberfläche weiße Asche gebildet hat, oder einem Elektrogrill, der auf mittlere Temperatur vorgeheizt wurde.

Hat man keine Kochbananenblätter zur Hand, kann man die leicht eingefetteten Brote auch im Ofen bei 200° C auf einem mit Backpapier belegten Blech etwa 30 Minuten goldbraun backen.

Kleine Kugeln dieser Teigmasse mit etwa 5 cm Durchmesser lassen sich hervorragend in Fett frittieren.

Da Speisekartoffeln Zucker bilden, wenn die Temperatur unter 4° C sinkt, schmecken diese Brote angenehm süßlich und sind von zarter Konsistenz. Sie passen gut als Beilage zu allem Gegrillten und Kurzgebratenem und werden mit Honig oder einem beliebigen Sirup zur Leckerei.

Brötchen nach Art von Tucumán

Bollitos tucumanos (Argentinien)

für 6 Personen

400 g Weizenmehl
200 g Puderzucker
1 Päckchen Backpulver
4 Eigelb
7 EL Milch
150 g Butter
1 TL ungemahlener Anis

Das Mehl mit Puderzucker, Backpulver und 1/2 TL Salz vermischen und auf die Arbeitsfläche sieben. Zur Form eines Vulkans aufhäufen und in dessen »Krater« die restlichen Zutaten geben. Alles zusammen zu einem festen, gleichmäßigen Teig verkneten und diesen in einer zugedeckten Schüssel 15 Minuten ruhen lassen.

Aus dem Teig etwa 6 cm lange Brötchen formen. Auf einem gut eingefetteten oder mit Backpapier belegten Blech im Ofen bei 170° C 30 Minuten backen.

Cherimoyabrot

Pan de cherimoya (Kolumbien)

350 g Weizenmehl
2 TL Backpulver
200 g brauner Zucker
1 Päckchen Vanillezucker
150 g Butter
2 Eier
2 EL Milch
250 g Cherimoya-Püree
150 g gehackte Mandeln oder Walnüsse

Das gesiebte Mehl in einer Schüssel mit Backpulver, Zucker, Vanillezucker und 1 TL Salz vermischen.

In einer zweiten Schüssel die zerlassene Butter mit Eiern, Milch und Cherimoya-Püree gut verrühren. Mit den Mandeln vorsichtig in das Mehl einrühren.

In einer gut eingefetteten oder mit Backpapier ausgelegten Kastenform (22 cm) im Ofen bei 180° C etwa eine Stunde backen.

Quarkkekse

Bizcochos de cuajad (Kolumbien)

Das uralte, von den andinen Ureinwohnern stammende Rezept hat die Städtchen Altamira und Fortalecillas der Region Huila berühmt gemacht. Wer Achira-Mehl zur Verfügung hat, sollte dieses statt des Maismehls verwenden, um die Originalkekse zu erhalten.

1 kg frischer Magerquark
2 Eier
750 g Maismehl
125 g Schweineschmalz
125 g Rindertalg

Den Quark gut ausdrücken. Die Eier verquirlen und schaumig schlagen. Alle Zutaten miteinander vermischen und gut durchkneten. Den Teig 30 Minuten ruhen lassen.

Mit den Händen Kekse formen (etwa 5 cm lang, 1 1/2 cm breit, 1 cm dick). Auf ein gut eingefettetes oder mit Backpapier belegtes Blech setzen und im Ofen bei 200° C etwa 10 Minuten backen.

Die würzigen Quarkkekse werden gerne als Snack zu einem Gläschen Mistela gekostet. Zum einen hebt der salzig-würzige Geschmack das jeweilige Aroma des Getränks besonders hervor, zum anderen bilden sie eine Grundlage, damit einem der Alkohol nicht gleich in die Glieder fährt.

▲ Die so genannte *Panela* oder *Chancaca* ist in vielen Ländern Südamerikas die Zuckergrundlage zahlreicher Süßspeisen und Getränke (z.B. Käse in Sirup, S. 181).

▲ *Frisoles* – dieser typische Eintopf der Andenbauern (S. 65) ist ein wichtiger Bestandteil des kolumbianischen Nationalgerichts *Bandeja paisa* (S. 209).

Die süße Ananas perolera ► gedeiht gerade auf den sauren Böden in der Region Lebrija (Kolumbien) hervorragend.

Gefüllte Doppelkekse

Alfajor (Peru)

Jede Provinz hat ihren speziellen Alfajor, der als touristisches Souvenir angeboten wird. Die Kinder lieben ihn und essen ihn als Pausenbrot in der Schule.

500 g Mehl
125 g Puderzucker
300 g Butter
1 Zitrone (abgeriebene Schale)
400 g Manjar blanco (Seite 60)

Das Mehl mit dem Puderzucker vermischen und auf die Arbeitsfläche sieben. Weiche Butter und Zitronenschale zugeben und alles mit den Händen zu einem zarten, weichen Teig verkneten. Anfangs lässt sich der Teig schwer kneten, deshalb erst kleine Portionen bearbeiten, bevor man an das Ganze geht.

Den Teig mit der Teigrolle auf einer bemehlten Arbeitsfläche 1/2 cm dick ausrollen und Kreise mit 10 bis 15 cm Durchmesser ausstechen. Mehrmals mit einer Gabel einstechen, auf ein eingefettetes oder mit Backpapier belegtes Blech geben und im Ofen bei 180° C leicht bräunen.

Auskühlen lassen, die Hälfte der Kekse mit Manjar blanco bestreichen und einen zweiten Keks darüberdecken. Mit Puderzucker bestäuben.

Nach Belieben kann dieser Doppelkeks auch mit Pudding, Schokolade oder Marmelade gefüllt und sogar mit Kuvertüre überzogen werden.
Besonders beliebt sind Alfajors gefüllt mit einem dickflüssigen Honig aus Panela oder braunem Zucker (Seite 57).

Kekse aus Yuccastärke
Galletas de almidón de yuca (Ecuador)

Auch dieses Rezept ist die Verfeinerung einer Gebäcksorte, die uns von den alten Indios überliefert wurde. Traditionell werden sie mit Schweineschmalz hergestellt, mit Butter werden sie jedoch feiner.
Die Kekse sind unglaublich zart und zergehen auf der Zunge, »als ob man Schnee isst«.

für etwa 100 Stück

500 g Yucca-Stärkemehl
200 g Butter
250 g Zucker
2 Eigelb
60 ml Rotwein
1/2 TL gemahlener Zimt

In einer großen Pfanne ohne Fett das Stärkemehl bei mittlerer Hitze etwa 5 Minuten rösten. Dabei ständig mit einem Holzlöffel umrühren, damit es nicht anbrennt und seine Farbe verändert.

Butter, Zucker und Eigelb schaumig rühren. Wein und Zimt unterziehen, zuletzt das Stärkemehl. Es muss ein sehr zarter Teig entstehen – ist er zu trocken, vorsichtig einige Tropfen Milch zugießen. Auf einer bemehlten Arbeitsfläche 1/2 cm dick ausrollen und Kreise mit 3 cm Durchmesser ausstechen. Teigreste nochmals ausrollen und ausstechen. Auf einem eingefetteten oder mit Backpapier belegten Blech im Ofen bei maximal 130° C 30 Minuten backen. Auch nach dem Backen bleiben die Kekse ganz weiß.

Walisische Torte

Torta galesa (Argentinien)

Das Rezept für diese Torte wurde 1850 von walisischen Einwanderern in die Täler des Flusses Chubut gebracht und eroberte von hier aus schnell die gesamte Gebirgsregion dieser Provinz. Von den zahlreichen Varianten dieses Rezeptes ist die hier aufgeführte wohl die bekannteste.

200 g brauner Zucker
200 g Sultaninen
1 EL Honig
200 g Butter
300 g feines Weizenmehl
2 TL Natron
75 g fein gehackte Nüsse
250 g kandierte Früchte (Art nach Belieben)
1/2 Gläschen Likör (Geschmack nach Belieben)

Zucker, Sultaninen und Honig mit 1/4 l Wasser 5 Minuten kochen, dann abkühlen lassen.

Mit weicher Butter gleichmäßig verrühren. Das Mehl mit Natron gut vermischen und über die Mischung sieben. Nüsse, kandierte Früchte und Likör unterziehen. Den Teig in eine gut eingefettete und mit Mehl bestäubte Napfkuchenform füllen und im Ofen bei 180° C eine Stunde backen.

Weihnachtskuchen
Panteón de Navidad (Peru)

Der Geschichte nach entstand dieses Gebäck im 15. Jahrhundert in Italien: In einem sehr armen Kloster in der Nähe Mailands schien Weihnachten nicht sehr freudig gefeiert werden zu können. Dies änderte sich, als die Nonne Ughetta, die Schwester des Herzogs Ughetta, mit einem neuen Kuchen kam, kuppelförmig und goldbraun. In seine Oberfläche hatte sie ein Kreuz geritzt. Beim Backen hatte sich die Kruste an dieser Stelle geöffnet und der Kuchen verströmte ein verführerisches Aroma. Weihnachten war gerettet.
Schnell verbreitete sich das Rezept über die romanischen Länder Europas und kam mit den Spaniern nach Peru. Besonders in den kühlen Andenregionen ist dieses dem Früchtebrot ähnliche Gebäck der Inbegriff von Weihnachten und wird immer mit einer Tasse dampfend heißer Schokolade genossen.

mehrere Stunden vorher beginnen

für den Teig:
2 Würfel frische Hefe
etwas Milch
100 g Butter
100 g Pflanzenöl
300 g Zucker
500 g Weizenmehl
6 Eigelb
3 Eier
1 TL Backpulver
100 ml süßer Rotwein oder Kognak
2 EL Rosenwasser

Die Hefe zerbröckeln und in wenig lauwarmer Milch auflösen. Zerlassene Butter, Öl und Zucker miteinander zu einer glatten Flüssigkeit schlagen.

Das gesiebte Mehl in einer Schüssel mit der Hefe, der Zuckermischung und den übrigen Zutaten mit einem Holzlöffel oder der Küchenmaschine gut vermengen. Auf einer bemehlten Arbeitsfläche kräftig verkneten. Den Teig in eine Schüssel legen und mit einem Geschirrtuch zugedeckt etwa sechs Stunden an einem warmen Ort gehen lassen, bis sich sein Volumen mindestens verdoppelt hat.

Auf einer Arbeitsfläche mit weiteren 500 g Mehl bestäuben und erneut etwa 30 Minuten stark kneten, bis ein feiner, elastischer, trockener Teig entsteht, dabei Arbeitsfläche und Teig immer wieder mit Mehl bestäuben. Den Teig zu einer Platte ausrollen. Die kandierten Kirschen klein schneiden, mit Rosinen und Orangeat gut vermischen und auf der Teigplatte verteilen. Die Teigränder zusammenschlagen und erneut kräftig durchkneten. Vier bis acht Halbkugeln beliebiger Größe formen und auf ein mit Backpapier belegtes Blech setzen. Die Oberfläche der Kugeln mit einem Messer kreuzförmig einschneiden. Mit Plastikfolie bedeckt an einem warmen Ort vier Stunden aufgehen lassen.

Dann im Ofen bei 180° C 35 Minuten ausbacken.

Die insgesamt zehn Stunden, in denen der Teig aufgehen soll, sind für Hefeteig ungewöhnlich, aber unerlässlich, da ein für die typische Geschmacksgebung wichtiger Fermentationsprozess in Gang gesetzt wird. Auch das intensive, kräftige Kneten trägt seinen Teil dazu bei.

1 TL Orangenessenz oder abgeriebene Schale einer ungespritzten Orange
1/8 l Milch
1 Prise Salz

500 g Weizenmehl
100 g kandierte Kirschen
100 g Rosinen
100 g Orangeat

Kuchen aus unreifem Mais
Torta de choclo (Bolivien)

8 zarte unreife Maiskolben oder 750 g Tiefkühlmais
1 Dose (340 g) Kondensmilch
200 g weißer Käse (Seite 57)
200 g Zucker
200 g zerlassene Butter
200 g Weizenmehl
2 TL Backpulver
6 Eier
Paniermehl

Die Maiskörner von den Kolben schneiden und im Mixer mit Milch pürieren, so dass ein dickliches, noch leicht grobes, nicht zu flüssiges Püree entsteht. In einer Schüssel mit dem fein geriebenen Käse, Zucker, zerlassener Butter und einer Prise Salz mischen.

Das gesiebte Weizenmehl mit Backpulver mischen und unter die Maismischung rühren. Die Eier trennen, das Eigelb unter den Teig ziehen, das Eiweiß zu steifem Schnee schlagen und zuletzt vorsichtig unter den Teig heben.

Eine Springform einfetten, mit Paniermehl ausstreuen, den Teig einfüllen und im Ofen bei 180° C 50 Minuten backen.

Auskühlen lassen, aus der Form nehmen und nach Belieben garnieren.

Getränke
Bebidas

Mate-Tee
Te de mate (Argentinien)

1 Tasse Wasser mit den Mate-Blättern erhitzen. Beim ersten Aufkochen vom Herd nehmen und den noch warmen Tee abgießen. Nach Belieben mit Zucker süßen und im Mixer aufschäumen. Warm servieren.

1 EL Mate-Blätter
nach Geschmack: feiner brauner Zucker

Variante
Licuado de mate süßt man mit 4 TL Honig und 40 bis 60 g Zucker auf 1 l Tee.

Mate-Shake (mit Alkohol)
Candela de yerba (Argentinien)

An kalten Wintertagen eine gesunde Alternative zum Grog. Auch wenn man auf den Alkohol verzichtet, schmeckt das Getränk vorzüglich.

Die Milch mit Mate-Blättern, Zimt und Zucker erhitzen, bei schwacher Hitze 5 Minuten ziehen lassen und durch ein Sieb gießen.

Eigelb schaumig schlagen, nach und nach unter ständigem Schlagen mit dem Schneebesen die Mate-Milch zugießen. So lange weiterschlagen, bis das Getränk schön schaumig ist, dann den Weinbrand unterschlagen.

In vier Gläser füllen und noch warm servieren.

für 4 Gläser

1 l Milch
2 EL Mate-Blätter
1/2 Zimtstange
nach Geschmack: Zucker, 4 Eigelb, 2-4 cl Weinbrand

Majoranlikör (mit Alkohol)
Mistela de mejorana (Kolumbien)

4 Zweige frischer Majoran
1 Zimtstange
750 ml Branntwein
500 g Zucker
1 EL Zitronensaft

Majoran und Zimt in Branntwein 30 Tage ziehen lassen.

1 1/4 l Wasser erhitzen und den Zucker auflösen. Abkühlen lassen, Zitronensaft einrühren und mit dem aromatisierten Branntwein mischen, dabei Majoranzweige und Zimtstange entfernen.

Den Likör in gut verschlossenen Flaschen aufbewahren und bei Zimmertemperatur servieren.

Varianten
Statt Majoran Pfefferminze, ungespritzte Orangenschale, Rosmarin und andere Aromen verwenden. Der eigenen Kreativität sind keine Grenzen gesetzt.

Erfrischungsgetränk aus Reis
Masato (Kolumbien)

1 kg Zucker
500 g Reis
3 Gewürznelken
2 Zimtstangen
65 g Weizenmehl

1/2 l Wasser erhitzen und den Zucker auflösen, so dass er karamellisiert. Den Reis mit 3 1/2 l Wasser 30 Minuten gar kochen, anschließend durch ein Sieb drücken. Dem Reiswasser karamellisierten Zucker, Nelken und Zimt zufügen, das Mehl einrühren, aufkochen und bei schwacher Hitze 30 Minuten ziehen lassen, dabei immer wieder mit einem Holzlöffel umrühren.

Nach Geschmack mit gehacktem Eis servieren.

Chicha aus Mais (mit Alkohol)

Chicha (Kolumbien)

3-4 Wochen Zubereitungszeit

2 1/2 kg von den Kolben geschnittene unreife Maiskörner oder Tiefkühlmais
1 l Honig
Blätter vom Waldfarn

Die Maiskörner in Maismühle, Küchenmaschine oder Mixer mahlen – mit wenig Honig und Wasser, so dass die Masse durchweicht ist. In einen Tontopf geben, mit einem sauberen Baumwolltuch bedecken und fermentieren lassen.

Nach 15 Tagen die Masse erneut mahlen und so viel Wasser zugießen, dass ein formbarer weicher Teig entsteht. Mehrere Kugeln formen und an deren Oberseite mit einem Finger kleine Löcher einstoßen (traditionell in Form eines Kreuzes).

Die Waldfarnblätter gründlich waschen, den Boden und die Wände eines Tontopfes damit auskleiden. Die Maisbreikugeln hineinlegen und genügend Wasser aufgießen. Alles bei sehr schwacher Hitze zwölf Stunden köcheln, falls nötig, Wasser zugießen.

Die abgekühlte suppenartige Masse mit einem Holzlöffel aufrühren, klares Wasser und ein Zehntel des restlichen Honigs zugeben. Im selben Tontopf zugedeckt erneut zehn Tage fermentieren lassen. Täglich ein weiteres Zehntel des Honigs zugeben und dabei ständig umrühren, damit er sich löst.

Dies ist eine sehr traditionelle Art der Chichaherstellung – allerdings ohne Spucke. Er kann durchaus einen Alkoholgehalt von 10 Prozent erreichen, also Weinstärke. Als Anhaltspunkt: Nach etwa zwei Wochen Gärzeit weist die Chica etwa 6 Prozent Alkohol auf und hat somit die Wirkung von Starkbier.

Chicha aus Erdnüssen (mit Alkohol)
Chicha de maní (Peru)

2 Wochen Zubereitungszeit

100 g Erdnüsse
100 g gelbe reife Maiskörner
100 g Quinua-Körner
3 Zimtstangen
12 Gewürznelken
nach Geschmack:
brauner Zucker

Erdnüsse, Mais- und Quinua-Körner in warmem Wasser zwölf Stunden einweichen.

Abtropfen lassen, die Erdnüsse schälen. In einem großen Topf 3 l Wasser mit Nüssen, Körnern, Zimt, Nelken und 1/2 TL schwarzem Pfeffer aufkochen. Bei schwacher Hitze und geschlossenem Topf drei bis vier Stunden ziehen lassen. Wenn die Flüssigkeit verkocht, weitere 3 l heißes Wasser langsam zugeben.

Abkühlen lassen, durch ein sauberes, weißes Baumwolltuch filtern und mit braunem Zucker süßen. Die Flüssigkeit in einen großen Tontopf füllen, mit einem reinen Baumwolltuch bedecken und zwei Wochen fermentieren lassen, dabei täglich einmal gut umrühren.

Gut gekühlt und mit Zimt bestäubt servieren.

Variante

Ähnlich lässt sich auch eine Chicha nur aus Quinua- oder Amaranth-Körnern bereiten: Man verzichtet auf Erdnüsse und Maiskörner und verwendet insgesamt 300 g Quinua-Körner auf 6 l Wasser. Bei einer Fermentationszeit von einer Woche erreicht der Alkoholgehalt etwa 3 Prozent. Je nachdem, wie stark man das Getränk haben möchte, lässt man es kürzer oder länger fermentieren: Bei zwei bis drei Tagen erhält man eine praktisch alkoholfreie Chicha.

Der Alkoholgehalt dieser Chicha beträgt nur 4 bis 6 Prozent, wenn man sie nicht länger als angegeben fermentieren lässt.

Chicha aus Inkamais
Chicha morada (Peru)

1 Ananas
500 g frischer unreifer Inkamais
1 große Zimtstange
1 EL Gewürznelkenpulver
250 g pürierte Sauerkirschen
1 Zitrone (Saft)
nach Geschmack: brauner Zucker
gemahlener Zimt

Die Ananas schälen und fein würfeln, die Schale aufbewahren.

In einem großen Topf 5 l Wasser mit Mais, Ananasschale, Zimt und der Hälfte der Nelken erhitzen und kochen, bis die Maiskörner platzen. Abkühlen lassen.

Die lauwarme Flüssigkeit durch ein Haarsieb geben, Sauerkirschen, Zitronensaft und restliche Nelken zugeben, nach Geschmack süßen. Im Kühlschrank erkalten lassen.

Mit Ananasstückchen und Zimt bestreut servieren.

Varianten

- Falls man keinen dunkelvioletten »Inkamais« zur Verfügung hat, nehme man normalen gelben oder aufgetauten Tiefkühlmais und erhöhe die Menge der Sauerkirschen auf 1 kg.
- Man kann die Flüssigkeit auch unter Zugabe von Maisstärke zu einem Pudding einkochen und erhält dann Mazamorra morada, eine delikate Süßspeise, die durch Zugabe weiterer Früchte wie Birnen, Quitten, Pfirsiche und Johannisbeeren noch verfeinert wird.

Diese erfrischende Chicha enthält keinen Alkohol und ist mit Eis und in entsprechenden Gläsern serviert ein ideales Erfrischungsgetränk.

Quinua-Milch
Leche de quinua (Bolivien)

für etwa 1 1/2 Liter
10 Stunden einweichen

1 Tasse Quinua-Körner
nach Geschmack:
4 TL Honig oder brauner Zucker

Die Quinua-Körner in 2 Tassen heißem Wasser etwa zehn Stunden einweichen.

Im Mixer 5 Sekunden auf höchster, dann 20 Sekunden auf kleinster Stufe pürieren. Der Mischung 1 weitere Tasse heißes Wasser zugeben, es sich absetzen lassen und 2 weitere Tassen heißes Wasser zugießen. Alles in ein sauberes Tuch geben und den Saft herauspressen. Den Satz im Tuch in 2 1/2 Tassen heißes Wasser geben, verrühren, 5 Minuten es sich absetzen lassen und nochmals im Tuch abpressen.

Das Getränk nach Belieben süßen, eventuell mit einer Prise Salz würzen. Eisgekühlt servieren.

Varianten
Bei diesem Getränk, das schon den alten Inkas bekannt war, sind der eigenen Kreativität keine Grenzen gesetzt, zum Beispiel durch die Zugabe beliebiger Früchte.

Saurer Pisco (mit Alkohol)
Pisco sour (Peru, Bolivien, Chile)

für 4 Cocktailgläser

2 Eiweiß
1/4 l Pisco
1/8 l Limonensaft
8 EL Honig
150 g Zucker
2 TL Angostura
6-8 zerkleinerte Eiswürfel
gemahlener Zimt

Das Eiweiß schlagen und währenddessen die restlichen Zutaten in der genannten Reihenfolge hinzufügen. Sofort in Cocktailgläsern mit Zimt bestreut servieren.

Komplette Menüs
Menús completas

Bauernplatte
Bandeja paisa (Kolumbien)

Dieses Gericht ist das »Nationalgericht« des Bundeslandes Antioquia in Kolumbien.

Mehrere Beilagen werden auf einer großen Platte kombiniert und ansehnlich angerichtet. Die ehemals rein andinen Elemente wie Bohnen, Arepas und verschiedene Fleischsorten sind im Laufe der Jahrhunderte durch Kochbananen, Reis und Avocados ergänzt worden.

Schwarzaugenbohnen (Frisoles, Seite 65, mit Hogao, Seite 56)
Gerösteter Schweinespeck (Chicharrones, Seite 155)
Frittierte Scheiben von grünen Kochbananen
Frittierte Streifen von reifen Kochbananen
Spiegeleier mit Honig (Huevos fritos en miel de abeja, Seite 156)
Arepas (Seite 143)
Luftgetrocknete Paprikawurst (Chorizo – in jedem Laden mit spanischen Lebensmitteln erhältlich)
Blutwurst (Morcilla – in jedem Laden mit spanischen Lebensmitteln erhältlich)
Geschälte und in feine Streifen geschnittene Avocado (Tajadas de aguacate)
Weißer trockener Reis (Arroz

Gefüllter Kürbis
Carbonada en zapallo (Argentinien)

Gefüllter Kürbis ist ein typisches Gericht der andinen Bevölkerung. Der gute, heiße Eintopf wärmt an kalten Tagen und das Kürbisfleisch gibt ihm eine besondere Geschmacksnote.

für 6 Personen

1 Winterkürbis (5-6 kg)
125 g Butter
1/8 l Milch
1 kg Rindfleisch vom Kamm
400 g Tomaten
2 grüne Paprikaschoten
2 EL Olivenöl
3 grob gehackte große Zwiebeln
3 fein gehackte Knoblauchzehen
1 l Rinderbrühe
1/2 TL getrockneter Oregano
1 Lorbeerblatt
750 g Süßkartoffeln oder Steckrüben
750 g fest kochende Kartoffeln
3 Maiskolben
250 g ungeschälte Zucchini

Den Kürbis mit kaltem Wasser gut abbürsten und einen Deckel mit 15 bis 20 cm Durchmesser abschneiden; dabei den Stängel nicht beschädigen, er dient später als »Henkel«. Aus beiden Teilen Kerne und Fasern mit einem Löffel herauslösen. Das Kürbisinnere mit Butter ausreiben. Einige Schnitte in das innere Kürbisfleisch machen, Milch in den Kürbis gießen, umschwenken. Den Deckel aufsetzen und den Kürbis im Ofen bei 190° C anderthalb Stunden backen: Das Kürbisfleisch soll zart, aber nicht butterweich sein und die Schale dem Druck der späteren Füllung standhalten.

Das Rindfleisch in 3 cm große Würfel schneiden. Die Tomaten kurz in kochendes Wasser tauchen, häuten und klein schneiden. Die Paprika halbieren, entkernen, waschen und grob würfeln.

In einer großen Kasserolle (etwa 8 l) Öl erhitzen und die Fleischwürfel unter Wenden anbräunen. Herausnehmen und im verbliebenen Fett Zwiebel, Paprika und Knoblauch unter ständigem Rühren weich andünsten. Brühe aufgießen und aufkochen. Unter Rühren mit dem Holzlöffel die Bratenrückstände lösen. Die Fleischwürfel zurück in die Kasserolle geben, Tomaten, Oregano, Lorbeerblatt, Pfeffer und Salz beifügen, alles bei schwacher Hitze 15 Minuten schmoren.

Süßkartoffeln und Kartoffeln in 1 cm große Würfel schneiden. Die Maiskolben in 3 cm dicke Scheiben, die Zucchini in 1/2 cm dicke Scheiben schneiden. Süßkartoffeln und Kartoffel in die Kasserolle geben und 15 Minuten schmoren, Mais beifügen und 10 Minuten kochen, Zucchinischeiben zugeben und weitere 10 Minuten kochen – jedes Mal den Topf schließen.

Den Inhalt der Kasserolle vorsichtig in den Kürbis füllen, den Deckel wieder aufsetzen und den Kürbis im Ofen bei 190° C 15 Minuten überbacken.

Den kompletten Kürbis servieren und seinen Inhalt auf Teller schöpfen.

Varianten

Die Füllung ist variierbar, Rezepte aus Argentinien schlagen zum Beispiel gekochte Quinua-Körner oder Reis statt der Süßkartoffeln und der Kartoffeln vor.

Kochen mit Mutter Erde
Pachamanca (Peru)

Dieses traditionelle Inkafestessen wird auch heute noch bei Festlichkeiten wie Wahlsiegen oder Hochzeiten zubereitet. Es ist wichtig, die einzelnen Schritte gut zu planen und alles rechtzeitig bereitzustellen. Beim Beschicken der aufgeheizten Grube mit den Nahrungsmitteln darf nicht zu zögerlich gearbeitet werden, um die vorhandene Hitze bestmöglich auszunutzen.
Die Methode des Kochen oder Backens in einem Erdloch ist bei vielen Indiostämmen auch Nord- und Mittelamerikas bekannt. In Mexiko nennt man diese Art der Speisenzubereitung »barbacoa«, worauf wahrscheinlich das englische Wort »barbecue« zurückzuführen ist.

mehrere Stunden vorher beginnen
für 15 Personen

Eichenlaub
frische Kräuter (Wermut, Beifuß, Bohnenkraut)
10 Kartoffeln
5 Süßkartoffeln
5 reife Kochbananen
10 Oca-Knollen – oder die Zahl der Süßkartoffeln verdoppeln oder eine entsprechende Menge Steckrüben nehmen
5 kg Fleisch vom Ziegenkitz
1 Lammkeule
10 Schweinerippen
2 Hühner
1-2 Kaninchen
250 g Pfefferschoten der Sorte Panca

In die Erde wird ein 40 cm tiefes Loch mit 70 cm Durchmesser gegraben und mit sauberen, möglichst runden und glatten Steinen dicht an dicht ausgelegt. Auf dieser Steinschicht wird mit Holz eine Art Lagerfeuer angezündet, das mit großer Hitze eine gute Stunde brennen soll. Weitere Steine werden in das Feuer gelegt und erhitzt. Nach Abbrennen des Feuers werden die heißen Steine vorsichtig ausgeräumt und die Grube von Holzresten sowie Asche gereinigt. Nur die jetzt saubere Bodenlage von Steinen bleibt bestehen; dass einige Steine durch die starke Hitzeeinwirkung zerbrechen, ist normal.

Jetzt heißt es, möglichst zügig abwechselnd Nahrungsmittel und heiße Steine in die Grube zu schichten, um ein zu schnelles Abkühlen zu vermeiden: Auf die Steinschicht in der Grube kommt etwas Eichenlaub, dazwischen einige aromatische Kräuter. Darauf werden Kartoffeln, Süßkartoffeln, die in 3 cm lange Stücke geschnittenen Kochbananen und Oca-Knollen-Stücke verteilt und mit einer Schicht aus heißen Steinen bedeckt.

Darauf kommen die in grobe Stücke zerteilten Fleischsorten, gewürzt mit Pfeffer und Salz, dazwischen verteilt Pfefferschoten, frische Kräuter und Erdnüsse. Wieder folgt eine Schicht heißer Steine.

Mit Kochbananen- und Maisblättern zudecken, die schon fertig zubereiteten Tamales bogotanos, dicke Bohnen und Maiskolben darauflegen, zuoberst den in dicke Scheiben geschnittenen weißen Käse platzieren.

Den ganzen Hügel mit Kochbananenblättern zudecken und mit einem möglichst dichten Baumwolltuch komplett überspannen. Die aus dem Loch geschaufelte Erde über den Hügel verteilen und so alles versiegeln.

Zwei, besser drei Stunden muss jetzt gewartet werden, bevor man den Hügel öffnet, damit wirklich alle Zutaten durchgegart sind. Beim Abtragen von Sand und Steinen ist sehr vorsichtig vorzugehen, damit die Nahrungsmittel nicht mit Sand und Asche beschmutzt werden. Die einzelnen Nahrungsmittel werden getrennt in bereitgestellten Schüsseln oder auf Platten angerichtet und auf einem großen Tisch serviert, auf dem bereits Chicha, Bier, Wein, Limonaden und Säfte stehen.

300 g Pfefferschoten der Sorte Pimentón
200 g ungeschälte Erdnüsse
Kochbananenblätter
Maisblätter
10 Tamales bogotanos (Seite 132)
500 g gekochte dicke Bohnen
5 unreife Maiskolben oder 500 g Tiefkühlmais
400 g weißer Käse (Seite 57)

Mit ortsangepassten Abwandlungen in Bezug auf die Kräuterauswahl und die Wahl der Abdeckung kann man Pachamanca überall zubereiten – eine gelungene Alternative zu den eintönigen Grillfesten, besonders wenn man noch selbst zubereitete Chicha reicht.

Kartoffeln mit pikanter Käse-Nuss-Sauce
Ocopa Arequipeña (Peru)

Dieses sehr nahrhafte Gericht aus der spanischen Kolonialzeit wird in den andinen Regionen speziell in der vierzigtägigen Fastenzeit bis Ostern gegessen, da es fleischlos ist. Mit seinem hohen Nährwert kommt es dem Bedarf der Andenbewohner an hochwertiger Kost entgegen. Traditionell gibt es in Bolivien zwölf Gerichte, die in der Fastenzeit abwechselnd gegessen werden – Quesumacha (Seite 215) ist eines davon. Als Symbol der Nächstenliebe teilt man die gekochten Gerichte mit seinen Nachbarn. So wird jede Mahlzeit in dieser Zeit zu einem überraschenden Erlebnis, denn man weiß nie, was der Nachbar einem auftischen wird.

am Vortag beginnen
für 6 Personen

8 Pfefferschoten der Sorte Mirasol
200 g geschälte Nüsse oder gesalzene Erdnüsse
1 gehackte Zwiebel
3 gehackte Knoblauchzehen
1 Dose (340 g) Kondensmilch
5 EL Pflanzenöl
50 g Cocktail-Cracker
1 kg nicht zu große fest kochende Kartoffeln
6 Blätter Kopfsalat
6 hart gekochte Eier
jeweils 6 grüne und 6 schwarze Oliven
einige Zweige frische Minze
200 g weißer Käse (Seite 57) oder Mozzarella

Die Pfefferschoten halbieren, entkernen, waschen und über Nacht einweichen; dabei das Wasser mehrmals wechseln.

Am nächsten Tag pürieren. Die Erdnüsse im Mixer auf höchster Stufe 30 Sekunden zerkleinern. Pfefferschotenpüree, Zwiebel und Knoblauch hinzufügen, unter langsamer Zugabe von Milch und Öl weiterpürieren, bis eine sehr einheitliche, glatte Sauce von der Konsistenz steifer Mayonnaise entsteht. Mit Salz abschmecken. Ist die Sauce zu dünnflüssig, einige zerbröckelte Cracker vorsichtig nach und nach in den Mixer geben und einarbeiten.

Die Kartoffeln schälen und in Salzwasser garen, aber nicht zerkochen. Abgießen und auf Küchenpapier abtropfen lassen.

Sechs flache Teller mit je einem Salatblatt belegen, eine Portion Kartoffeln darauflegen. Die Sauce über die Kartoffeln verteilen, mit halbierten Eiern, Oliven und Minzezweigen dekorieren, mit zerbröckeltem Käse bestreuen.

Varianten

- In einer interessanten Variante wird dieses Gericht mit 500 g kleinen Garnelen verfeinert: Die Garnelenköpfe kurz in Öl braten, gut pürieren und in die Sauce einarbeiten. Die Schwänze in leicht gesalzenem Wasser 3 Minuten kochen, das Fleisch auslösen, mit etwas Zitronensaft beträufeln und auf den Tellern dekorieren.
- In einer bolivianischen Variante (Quesumacha) reicht man die Kartoffeln mit einer einfachen Käsecreme aus heißer Milch und weißem Käse (Seite 57), als Beilage außerdem gekochte frische Erbsen, Bohnen und Maiskolben.

Hübsches Gesicht

Carapulchra (Peru)

500 g Schweinefleisch
500 g Hühnerfleisch
2 mittelscharfe rote Pfefferschoten der Sorte Panca
100 g Griebenschmalz
zerstoßener Kümmel
3 klein gehackte Zwiebeln
4 klein gehackte Knoblauchzehen
1/2 l Rinder- oder Gemüsebrühe
4 große mehlig kochende Kartoffeln
Kartoffelpüreepulver für 1/2 l Flüssigkeit
1/8 l süßer Rotwein
2 Gewürznelken
100 g geröstete und gemahlene Erdnüsse (Seite 56)

Schweine- und Hühnerfleisch in jeweils vier große Stücke zerteilen. Die Pfefferschoten halbieren, entkernen, waschen und fein hacken.

Schmalz zerlassen und die Fleischstücke goldbraun anbraten. Herausnehmen, in demselben Schmalz Pfeffer, Salz und Kümmel verrühren, Zwiebeln, Knoblauch und Pfefferschoten anbraten. Die Brühe unter Rühren zugießen und aufkochen.

Die Kartoffeln schälen, klein würfeln und mit dem Fleisch zugeben, 20 Minuten gar ziehen lassen.

Das Kartoffelpüree nach Anleitung zubereiten und noch heiß in das Gericht einrühren. Wein, Nelken und Erdnüsse zugeben, gut umrühren und bei schwacher Hitze 5 Minuten ziehen lassen.

Rezeptregister

Stichwortregister

Die *kursiven* Seitenangaben verweisen auf Texte, die den Begriff erläutern, die übrigen auf Rezepte, in denen diese Zutat eine wichtige Rolle spielt.

REISE KNOW-HOW
Peru/Bolivien
888 Seiten 25,00 € [D]
Kolumbien
576 Seiten 22,50 € [D]
Argentinien mit Patagonien und Feuerland
516 Seiten 23,90 € [D]
Chile und die Osterinsel
672 Seiten 24,90 € [D]
Die Compilations der CD-Reihe sound)))trip stellen aktuelle und typische Musik eines Landes oder einer Region vor.
Im Buchhandel erhältlich.
Unverbindl. Preisempf.:
15,90 € [D]
sound)))trip Colombia
sound)))trip The Andes Peru, Bolivia, Chile
sound)))trip Chile
peru
kolumbien
Landkarten aus dem world mapping project
Auf PolyArt (reiß- und wasserfest, beschreibbar)
8,90 € [D]
Foto aus: Chile und die Osterinsel von Malte Sieber
www.reise-know-how.de

In der Reihe »**Gerichte und ihre Geschichte**« erschienen:

Hamidullah Kabuli Kohgadai
◆ Afghanisch kochen

Havva – Eva Seyberth
◆ Ägyptisch kochen

Lisa Shoemaker
◆ Amerikanisch kochen

A. Martínez Paternina
◆ Das Anden-Kochbuch

Magdi und Christine Gohary, Brahim Lagunaoui
◆ Arabisch kochen

Martha B. Muti De Malazzo
◆ Argentinisch kochen

Stefan Ullmann
◆ Australisch kochen

Rose Marie Donhauser
◆ Balinesisch kochen

Anne Iburg
◆ Baltisch kochen

Moema Parente Augel
◆ Brasilianisch kochen

Charlotte Noer
◆ Dänisch kochen

Lisa Shoemaker
◆ Englisch kochen

E. Winkelmann / C. Moser / A. Marinkovic / M. de Klepper / G. van de Bunt
◆ Holländisch kochen

Brigitte und Elmar Engel
◆ Indianisch kochen

Madhur Jaffrey
◆ Indisch kochen

Jürgen Schneider
◆ Irisch kochen

Katrin Richter / Martin Krauß
◆ Israelisch kochen

Elisabeth Veit
◆ Kanarisch kochen

Torsten Eßer
◆ Katalanisch kochen

Birgit Kahle
◆ Kubanisch kochen

Héctor Ernesto Mairena / Magrit Liepe
◆ Mittelamerikanisch kochen

Beate Engelbrecht / Ulrike Keyser
◆ Mexikanisch kochen

Alexander Pöche / Susanne Schöer
◆ Norwegisch kochen

Magdi und Christine Gohary
◆ Orientalisch kochen

Ketsela Wubneh-Mogessie
◆ Ostafrikanisch kochen

Parvin Vormweg
◆ Persisch kochen

Magrit Liepe
◆ Polnisch kochen

Márcia Zoladz
◆ Portugiesisch kochen

Irina Carl
◆ Russisch kochen

Anne Iburg
◆ Schwedisch kochen

H.-U. Stauffer / H. Fontana
◆ Südafrikanisch kochen

Tsering Mendrong
◆ Tibetisch kochen

Bânu Yalkut-Breddermann / Hanjo Breddermann
◆ Türkisch kochen

Peter Meleghy
◆ Ungarisch kochen

Jojo Cobbinah / Holger Ehling
◆ Westafrikanisch kochen

Die Bücher sind mit Farbtafeln ausgestattet, fest gebunden und kosten jeweils 16,90 €.